JN177464

初期投資3万円で
誰でも変われる
「見た目」改造計画

収入2700万円の差がつく身だしなみ

一般社団法人
日本メンズ美容協会 理事長
山川アンク

辰巳出版

これまでのビジネススタイル　Before

「スーツ量販店」の既製品で

販売部　部長　Sさん・46歳

shoulder

body

sleeve

V-zone

After

山川アンク提案のコーディネート

shoulder

body

sleeve

V-zone

見た目改造はどこまでできる…!?

これまでのビジネススタイル　Before

「スーツ量販店」の既製品で

販売部　課長　Kさん・38歳

sleeve

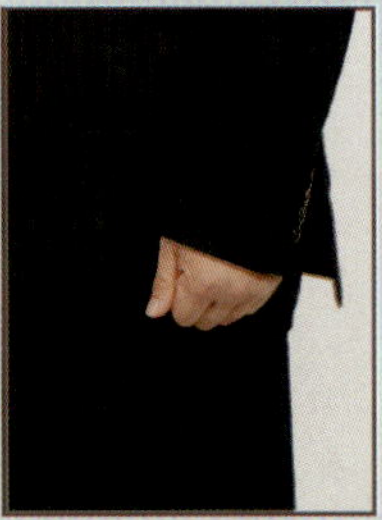

cuff

V-zone

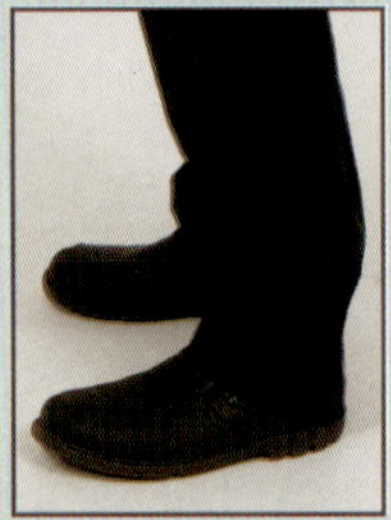

hem

After

山川アンク提案のコーディネート

sleeve

cuff

V-zone

hem

見た目改造はどこまでできる…!?

Before

これまでのヘアスタイル

back

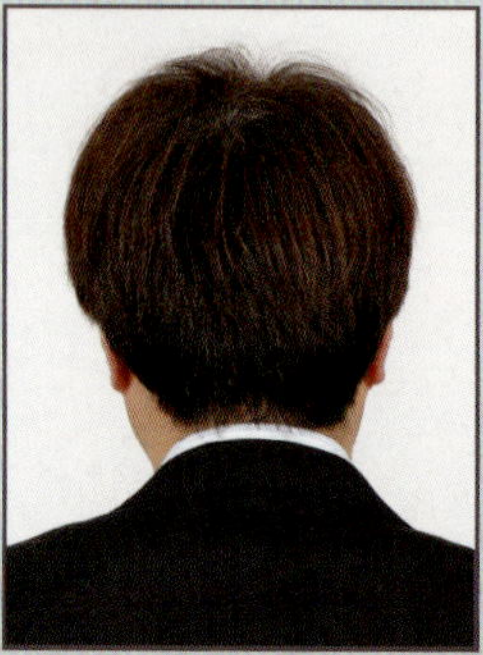

side

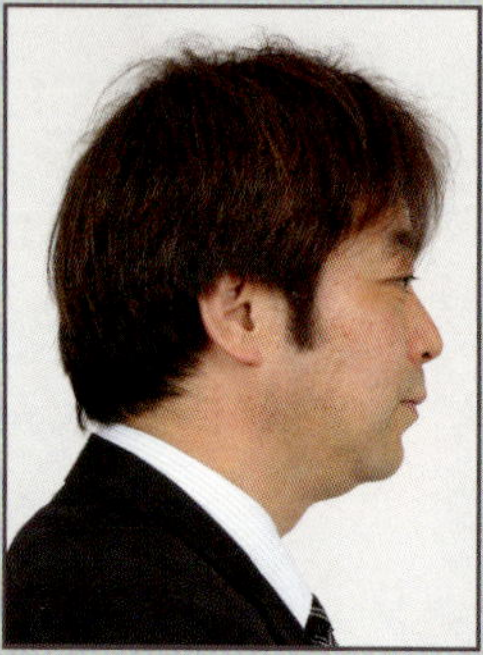

flont

▲軽い印象を与えることを意図したブラウンカラーだが、色ムラがありあまり効果的とは言えない。また前髪も眉にかかっており、重い印象を与えている。

back

side

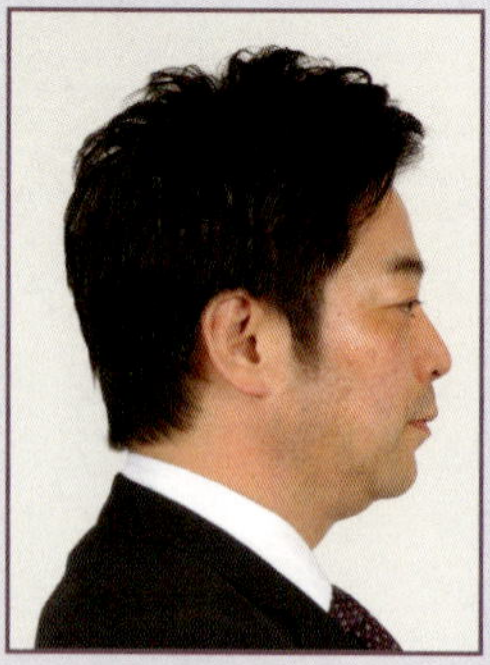

flont

▲黒く染め直し、耳まわりとサイドをスッキリとさせトップにボリュームを持たせた、ひし形シルエット。前髪を上げ、精悍さと清潔感のあるイメージに改造。

山川アンク提案の髪型

カット&スタイリング　緑川佳宏（サルトリオ）

After

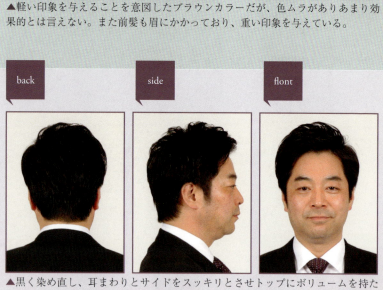

Before　これまでのヘアスタイル

back　side　flont

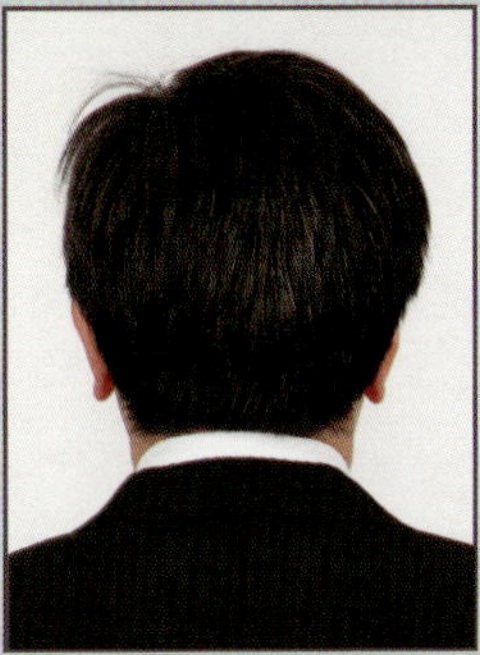
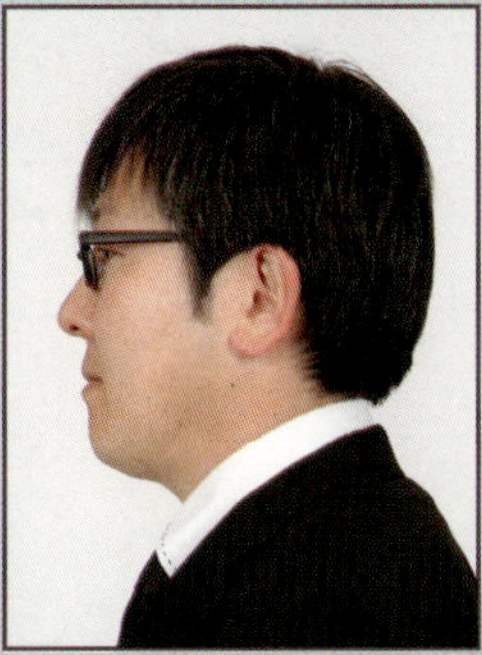

▲白髪が多く、髪全体がペタンとなり、元気のない印象。ストレートな髪質もあって、幼い印象を受ける髪型とはアンバランスさを感じる。

back　side　flont

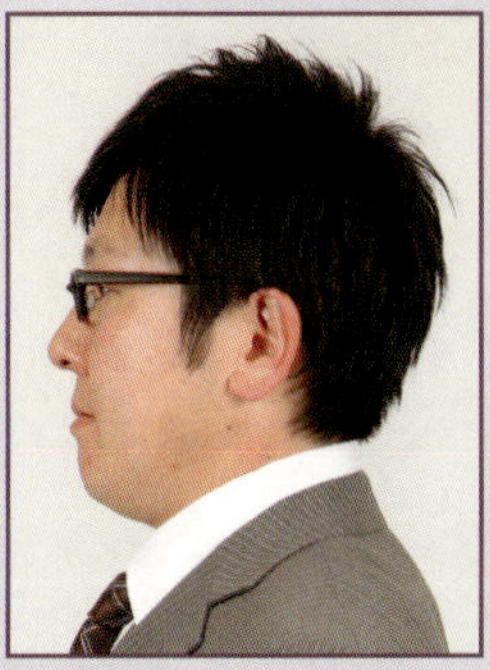

▲白髪染めをして、トップにボリュームを持たせ、ひし形シルエットを作る。前髪はスッキリとさせながら長さに変化をつけ、若々しく快活なイメージに改造。

After　山川アンク提案の髪型

カット&スタイリング　緑川佳宏(サルトリオ)

After

ネクタイとチーフのポイント
（ジャケット着用時）

Before

tiepin

none

単純にネクタイを締めただけのスタイルから、タイピンを使用し、結び目を少し上向きにして立体感を出す。ビジネスシーンにおけるポケットチーフは、シンプルな色と挿し方で控えめながらも上品さを演出。このプラス２点で胸元は大きく変化し、スマートな印象に。

ジャケット着用時のタイピンは、ポケットのラインとそろえることで、胸が高く見え快活な印象に。脱いだら、前かがみになっても垂れないように下へ移動させる。またネクタイは、大剣の先がバックルにかかる程度が理想的。上着なしでもバランスよく美しい姿に。

off

on

上着なし

タイピン使用のポイントとネクタイの長さ
（ジャケット着脱時）

上着あり

外見が変わると、人生が変わる

prologue

外見が変わると、人生が変わる。

みなさんも実感された場面はありませんでしたか。髪型を変えたらみんなが好意的になった、ヒゲを生やしたらモテ始めた、などなど。たかが外見、されど外見。見た目の印象が周囲におよぼす影響は、私たちが思う以上のインパクトがあります。

申し遅れました、私は山川アンクと申します。日本初の女性メンズ美容家として活動し、2013年には一般社団法人「日本メンズ美容協会」を創設。メンズ美容文化の普及と推進に日々取り組んでいます。

そんな私が常々、世の男性方に感じているのは「今のままではもったいない」ということ。「今」というのは、たとえば自分の体型に合っていないスーツを着ている、体臭に自覚がない、若者世代があたりまえに行っている洗顔や保湿をせずにケア不足に陥っている、といった現状のことです。

たった数百円のデオドラントを使うこと、あるいは毎朝5分の洗顔を心がけることから「人生を変えられる」にも関わらず、あまりにも多くの男性が美容をないがしろにしている現実に、私はとても歯がゆさを感じているのです。

具体的なデータがあります。

これは労働経済学の権威であるテキサス大学のダニエル・S・ハーメッシュ教授が著書『美貌格差　生まれつき不平等の経済学』（東洋経済新報社）で明らかにした説ですが、**人の生涯年収は容姿によって大きく左右される**そうです。その傾向は男性ほど強く、容姿が並みに満たない人と並み以上の人の最大値を取ると、その差額は23万ドル（約２７００万円）に。これは、けっして無視できない数字ですよね。

実は、経営者の方々は「見た目が業績に直結すること」を肌感覚で知っています。経営者は企業の看板であり、その顔や身だしなみが自社のビジネス全般に波及することを自覚しています。見た目に対する意識の有無によって、売上に７％の差が出るという統計データもあるほどです。これは売上が億単位となれば、数百万円から数千万円の差が生まれることになるのです。

実業界の名経営者も、見た目の大切さについて言葉を残しています。

たとえば松下幸之助。氏はベストセラーとなった『松下幸之助　人生をひらく言葉』

（ＰＨＰ研究所）の中で、「心も大事、外見も大事」とページを割いて語っています。

さらに稲盛和夫。氏も著書『働き方―「なぜ働くのか」「いかに働くのか」』（三笠書房）の中で、次のように語っています。

「立派な特性を備えているものは、見た目も美しいはずです。なぜなら、外見とは〝一番外側にある中身〟のことなのです。見た目が美しいものは、必ずその特性も優れているに違いありません」

他にも「おしゃれは挑戦だ」が口癖だったと言われる本田宗一郎など、さまざまな偉人が見た目をよくすることの必要性を説いています。実績十分の彼らが発した言葉には、素直に耳を傾けたいものです。

それにしても、なぜこれほどまでに見た目が重要なのでしょうか。その答えは「メラビアンの法則」にあります。この法則によれば、**人の印象は見た目で55％が決まります。**また、**人が五感で得る情報のうち視覚が87％を占める**とも言われています。

たとえば面と向かって、どんなにいい話をしたとしても、どんな容姿で言ったかによって相手に残せる印象が変わるということ。にわかに信じがたいような、でもなんとなくわかる法則ですよね。

もうひとつ、「ハロー効果」もあります。これはある心理現象を表す言葉なのですが、人は相手の目立つ部分に引きずられ、そのほかの部分も同等に評価してしまう傾向にあります。

1992年、ヘルシンキ大学である興味深い実験が行われました。それは被験者がさまざまな選挙候補者の容姿を写真で評価した後、写真から受ける印象のみで政治家としての資質を評価するというもの。結果、容姿が魅力的であるとされた人物ほど「信用性」や「好感度」「知性」が高評価につながることが明らかになりました。

つまり、見た目がいいと相手に信用されやすい。この事実を知っていれば、営業や商談の場面でも有利に事を進められそうですよね。

また、見た目や身だしなみについて、昨今は女性の意見も無視できなくなっています。国が男女参画を働きかけ、決定権のある役職に女性を登用する企業も少しずつ増えてきました。彼女たちと円滑なコミュニケーションを取ること、そのために身だしなみを整えることは、仕事を進める上で、あるいは出世を図る上で最低限のラインとなりつつあります。

女性はよく「生理的にムリ」という言葉を口にしますが、これは脳の仕組みに理由があります。というのも女性の脳は男性のそれにくらべて、感情をつかさどる部位と判断を下す部位が近い位置にあるのだとか。彼女たちが抱く「生理的な嫌悪感」が重要な判断に影響をおよぼしがちであるということは、知っておいて損はないかもしれませんね。

そして、彼女たちの多くは、何より幼い頃から衛生面を気にして、制汗スプレーを手放せなかった人たちです。私自身、小学生の頃、体育の時間の後で汗をぬぐわない先生が「生理的にムリ」でしたから。自分はもちろん、相手が清潔であるかどうかは女性にとって一大事なんですよね。

でも、もう大丈夫。私が「女性にも好感を持たれ」「仕事ができる見た目に変えて」「生涯年収アップにつなげる」方法を本書でつまびらかにしていきます。どれも具体的なアドバイスですので、ぜひ最後までついてきてくださいね。

目次

第3章　一瞬で変身！　スカルプ&ヘアスタイル改造計画　107

第4章　これが正解！　シェービングでスベスベ肌改造計画　133

第5章　未来に差が出る！　今から始めるスキンケア　147

第6章　太りにくくなる！　知って得するヘルスケア　177

本文イラスト　瀬川尚志

第1章

即効！
外見の8割を変える
スーツ改造計画

女性にスーツやネクタイを選んでもらってはいけない

人は見た目で左右されるのだとしたら、あなたはまず何から変えるべきだと思われますか。

髪型は大事です。足元もおろそかにしてはいけません。でも、まずはスーツです。外見の８割をスーツが占めている以上、どういうスーツを日々着ているのかが、あなたという人物の印象をほぼ決定づけます。ぜひ私がこれからお話しするスーツ選びのポイントを押さえて、今すぐお店に駆けこんでください。

ですがその前に、注意していただきたい点があります。それは彼女や奥様といった**「身近な女性」にスーツを選んでもらってはいけない**ということ。女性の私だから断言できることです。

なぜなら女性は「カワイイ」を基準に選んでしまうから。ボタンがちょっと変わっていてカワイイ、ネクタイの色や柄がカワイイと、女性ならではの感性で少しでもチャームポイントがあるものを見つけてしまいます。もちろんパートナーをよりよく見せたい心理があるわけですから、当然といえば当然のこと。

でも、スーツは基本的に男性が着るものです。普段スーツを着ない女性は必ずしもスーツ選びのポイントや着こなしのセオリーを熟知しているわけではありませんよね。

また、あなたが勤めている会社の社風や業界の空気を肌で理解しているわけでもありません。たとえば彼女が赤いステッチ入りのシャツをすすめてきたとしたら、たしかに「カワイイ」かもしれませんが、堅い業界には不釣り合いではありませんか。であるにも関わらず「彼女がすすめてくれたから」と不用意に着ていたら、とたんにまわりから警戒されかねません。「なんだかチャラいやつだ」と、いらぬ誤解を招いてしまって、チャンスを逃しかねません。

そう、**ビジネスにおけるファッションの基本的な考え方は、悪目立ちしないこと。**あたかも「ここに気づいてほしい」と言わんばかりの過剰な装飾が相手の目に止まってしまったら、そのファッションは間違っていると言わざるを得ません。少なくとも職場においては。

かつてイギリスのボー・ブランメルが模範となって広まった「ダンディズム」の考え方

も、日本では曲解されて「男らしさ」を連想させてしまうのですが、本質的には「いかに目立たないか」を追求するスタイル。過度な装飾、無用な色気を相手に悟られたら失敗なのです。

もちろんファッション業界やデザイン業界は別です。持ち前のセンスで人と差別化を図ることがもてはやされる業界に当てはまる話ではありません。一般的な業界でも、たとえばカジュアルフライデーや取引先とのアポがない内勤の日であれば、少しくらいスーツスタイルで遊び心を見せても問題はないでしょう。

けれど商談などの大事な場面で、トゥーマッチなファッションが足を引っ張ることがあってはいけません。相手がどういう価値観を持っているかをきちんと理解できていればよいのですが、そうでなければ無難な着こなしをするのがベター。自分をよりよく見せようと不適格な演出をしてしまい、センスを疑われるようなことがあれば、これほどもったいないことはありませんから。

とにかく基本に忠実であること、シンプルであることを心がけましょう。そして念を押しますが、間違っても身近な女性をスーツ店に連れていかないこと。ビジネススーツを選ぶ視点とプライベートの装いを選ぶ視点はまったく別物です。無下にできない彼女のアドバイスをうっかり聞いてしまうくらいなら、初めから同行させずに、ご自身で選ばれた方が賢明。そのためにも、自分でスーツを選ぶ知識を身につけることが必要です。

では、何を基準にスーツを選ぶべきなのか。そのポイントを、これから伝授していきます。

知っておくべきスーツの常識6つのポイント

スーツは、言わばユニバーサル・ユニフォーム。ビジネスの世界において、どんな国にも共通している制服と言えるでしょう。スーツを正しく着こなすことができれば、ビジネスにおいて世界のどこへ行っても恥をかくことはありません。

そんなスーツを選ぶポイントは6つあります。この6点をすべて外さないことが大切なのですが、一言でいえば**「体型にジャストフィットしていること」が鉄則。**春になると身長が伸びることを見越して、ひとまわりもふたまわりも大きなサイズの制服に「着られている」中学一年生を見かけますね。中学生だと微笑ましいですが、社会人がサイズを誤れば仕事のスキルを疑われかねません。今、その体型に合っているかが肝要です。

もちろんスーツにも流行りはあります。時代の空気を取り入れて、現代テイストに洗練されたスーツを着こなすことも素敵です。ただその前に、基本的なセオリーを踏襲できているでしょうか。

歌舞伎役者の故・十八代目中村勘三郎が座右の銘にしていた、こういう格言があります。

「**型を身につけなければ型破りにならない。型がなければ形無し**《かたな》」

スポーツも学問もファッションも、まずは基本を身につけてから応用が効いてくるんですよね。

それでは「スーツ選びの6つの常識」を順番に学んでいきましょう。

1 肩が合っているか

お手元にスーツのジャケットはありますか。そちらに腕を通して、肩のところの生地を親指と人差し指でつまんでみてください。どうでしょう、きちんとつまむことができましたか。

うまくつまむことができなかったら、そのジャケットはサイズが小さいです。可動域も

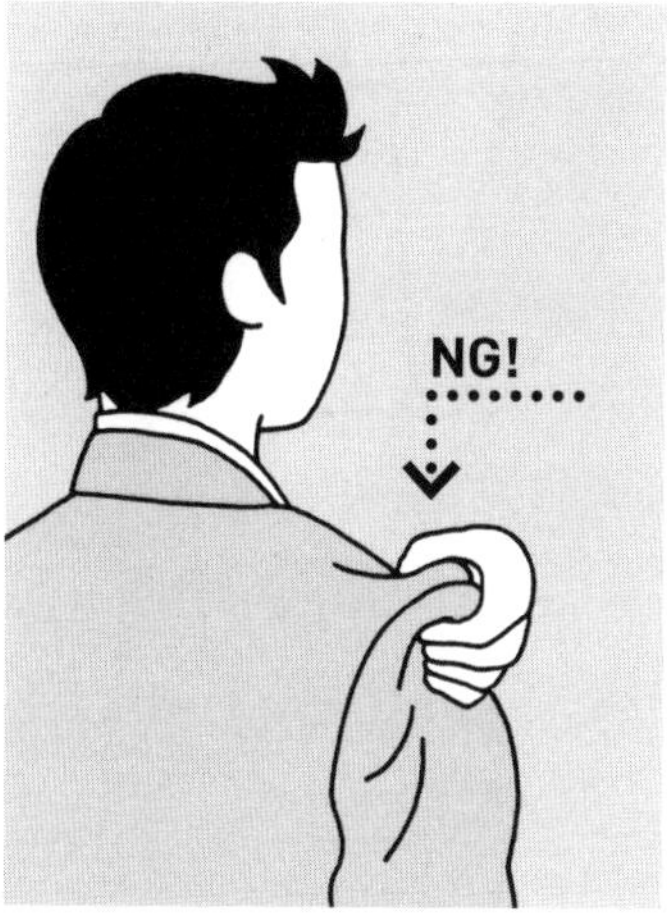

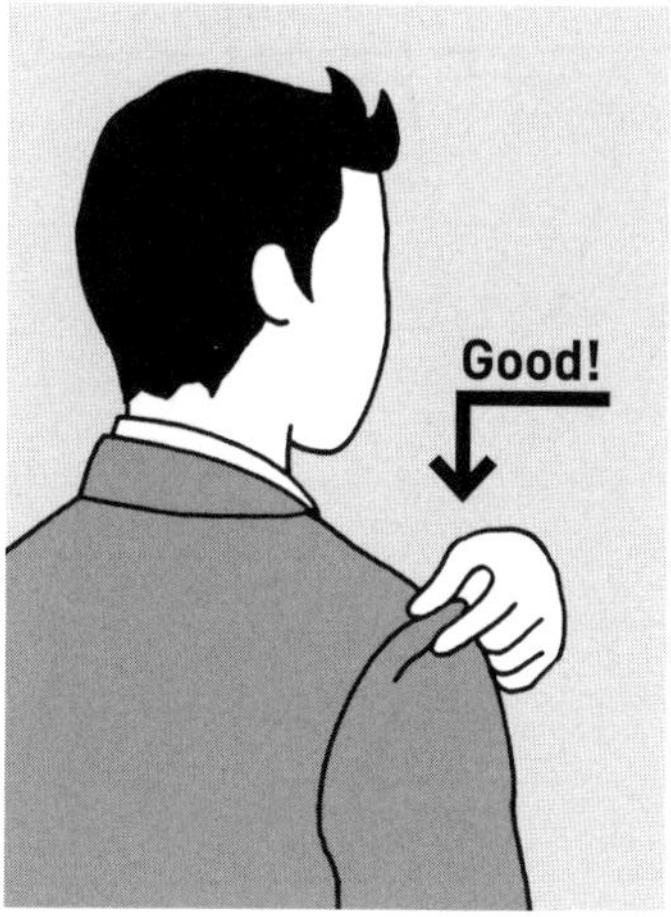

少なく、これまで肩を上げるのが窮屈だったのではないでしょうか。

理想的なのは、指でつまんだ部分が1センチくらいの長さになること。それ以上つまめてしまったら、今度は逆にサイズが大きく、だぶついている印象になります。中学一年生のように「服に着られている」ように見えるかもしれません。

その人の肩の大きさやラインに合っていて、可動域も確保できて、初めてジャストフィットと言えます。その目安は「指でつまんで1センチ」です。

2 身頃が合っているか

身頃とは衣服における襟や袖を除いた中央部

のことで、前面を「前身頃」、背面を「後ろ身頃」と呼びます。その身頃が体に合っているかどうかで、印象がずいぶん異なります。

確認したいのは前身頃と胸の間。ここに空間がありすぎると、ガバガバしていて不格好です。反対に、胸にぴったりすぎてもパツンパツンな印象を与えてしまいます。（実際、着ていると窮屈なはずです）

そこで目安になるのは「拳ひとつ分」。一番下以外のボタンを留めたとき、前身頃と胸との間に上から手を差し入れて、**拳ひとつ分が入るくらいの空間が空いているのが理想的**です。これなら肩と同じで可動域を保ちつつ、体のラインにぴったり合っているように見えます。

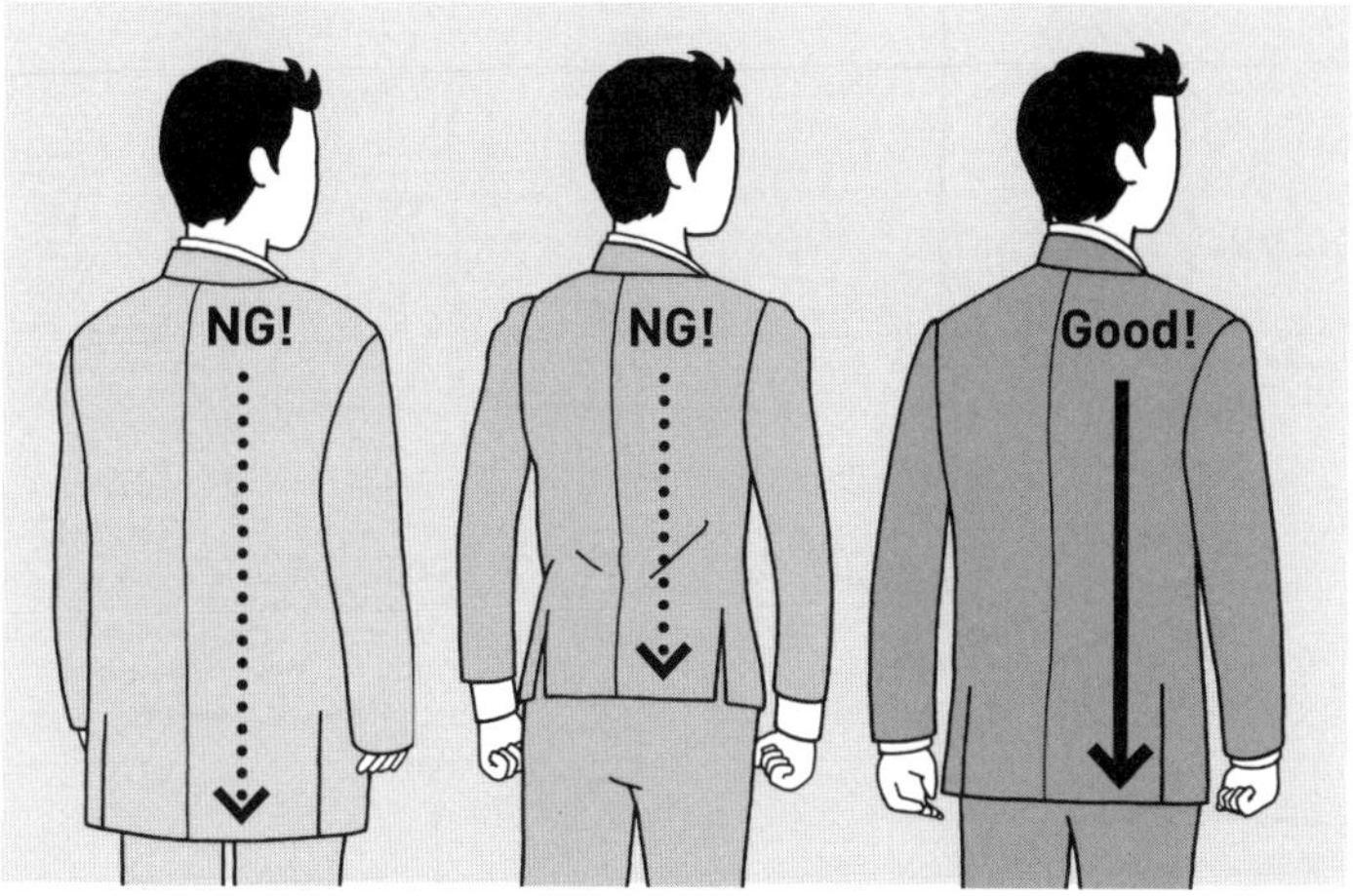

3 着丈が合っているか

一般的に着丈とは、後ろ襟の下縫い目から裾まで延ばした直線距離のこと。スーツのジャケットの理想的な着丈は、同じく後ろ襟の下縫い目からお尻の下部までの直線距離を指します。

というのも、**スーツの着丈のセオリーは「お尻がきれいに隠れること」**だからです。このお尻というのがポイントで、着丈が短く、お尻の一部がちらりと覗くようだと寸足らずの印象に。逆に着丈が長く、裾がお尻よりもさらに下まで延びていると脚が短く見えてしまいます。

短すぎず、長すぎず、お尻がちょうど隠れる長さを追求しましょう。胴体の長さには個人差

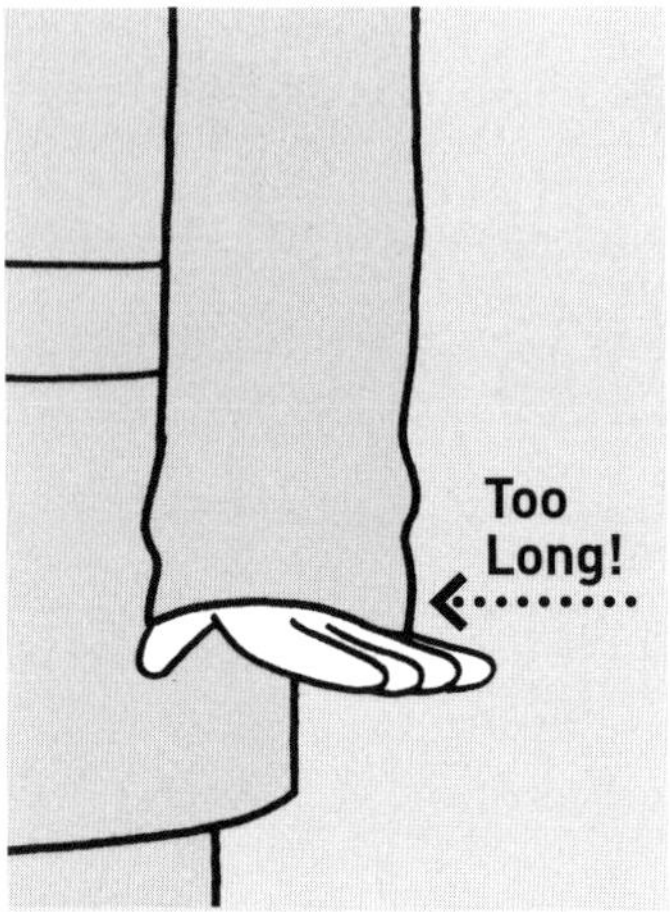

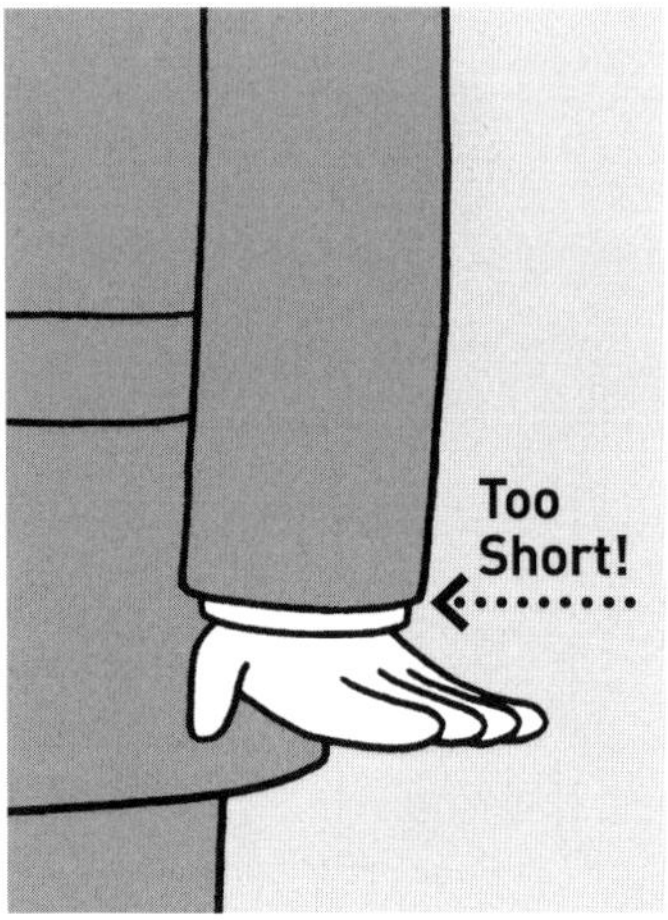

がありますから、自分にとってベストな着丈のスーツを見つけられるといいですね。

4 袖の長さが合っているか

続いて、袖の長さです。

スーツを着た状態でまっすぐ腕をおろし、そのまま手首の角度を90度にしてみてください。どうでしょう、スーツの袖の先が手の甲に当たりますか。**角度をつけたところにちょうど触れるくらいがベストです。**それより長かったり短かったりする場合は、腕の長さに合っているとは言えません。

次に、腕をまっすぐ伸ばしてみてください。スーツの袖からシャツのカフスがどのくらい見えるでしょうか。**袖からカフスが1～1・5セ**

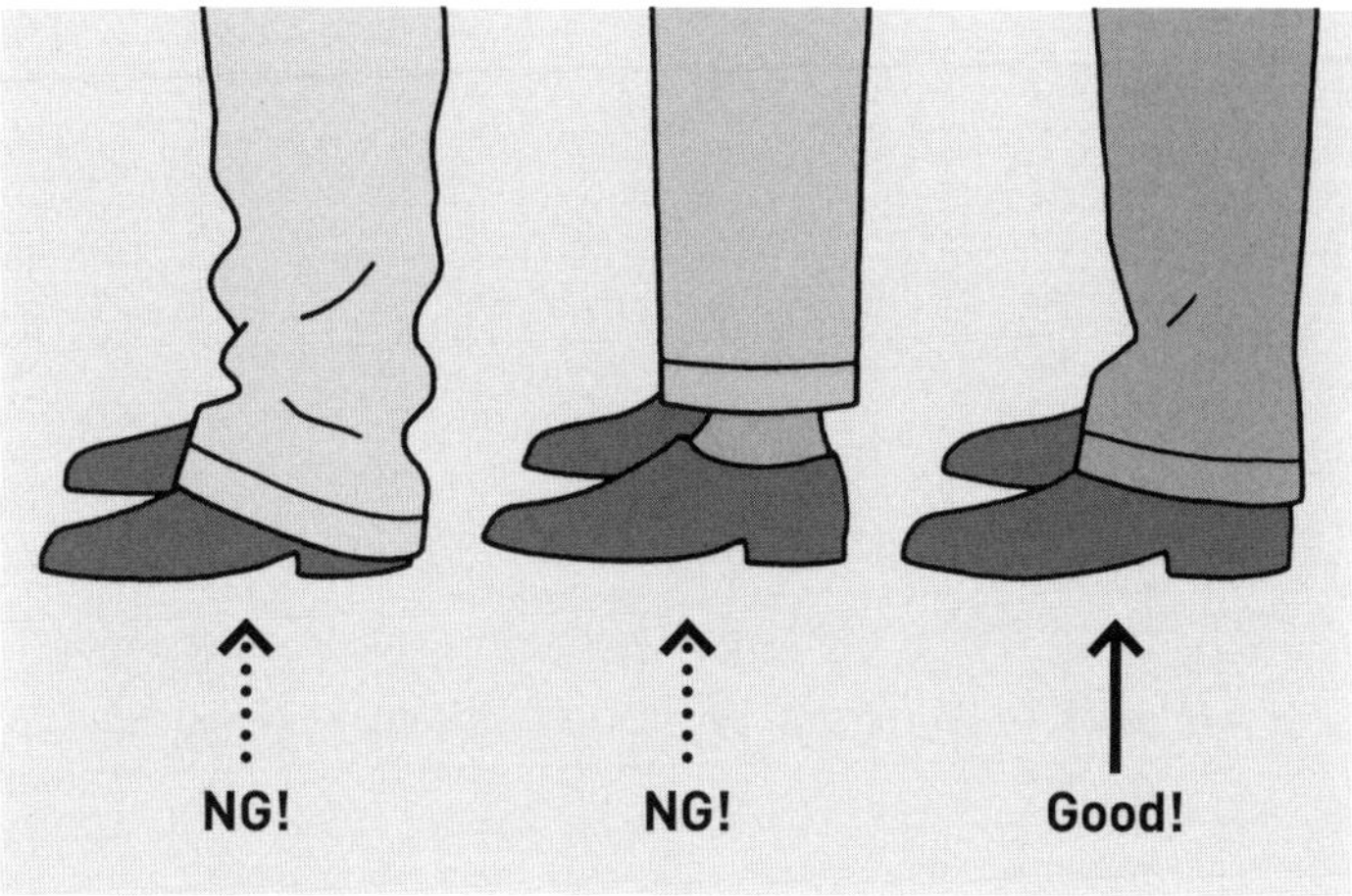

ンチ程度見えていれば理想的です。

スーツは元来、イギリスの貴族が身につけていたものですが、ジャケットの襟から出るシャツの襟の高さと、裾からはみ出るカフスの長さがパッと見てだいたい同じであるのが美しい着方とされていました。現代のスーツにも、その名残があるのですね。

5 パンツの長さが合っているか

続いてパンツの長さです。

これがデニムであれば、裾をロールアップして短くしたり、逆に長めにとってたわませるなど個性の出しどころになるのですが、スーツの着こなしに個性は必要ありません。あえて変化をつけても受け入れられるのは、トータルでバランスが取れるファッション上級者だけ。

さて、パンツの正しい長さですが、**立ったときに1クッション「くの字」のシワが入る程度が理想的。**まったくシワが入らない長さですと、座ったときに靴下が見える部分が大きくなってしまって、パンツの短さが際立ちます。逆に2クッション以上のシワが入るようですと、かなりだぶついた印象になってしまいます。

パンツの裾がだぶついているだけで、とたんに「仕事ができそうにない人」に見えてしまうから不思議なものです。目安は「くの字が1クッション」と覚えておいてください。

6 パンツの後ろが美しいか

最後に、後ろ姿です。

パンツを履いた状態で、お尻にたわみが見られるのはアウト。たわまない状態ですと、**クリースと呼ばれる直線（折り目）がきちんと見えます。**これがポイント。

鏡を背にして後ろに振り返るか、合わせ鏡でクリースの存在を確認してください。その一本の縦線が描かれるヒップラインは美しく、スタイルがよく見えます。

体を前からどう見られるかも大事ですが、人は意外と後ろ姿を見ているものです。背後

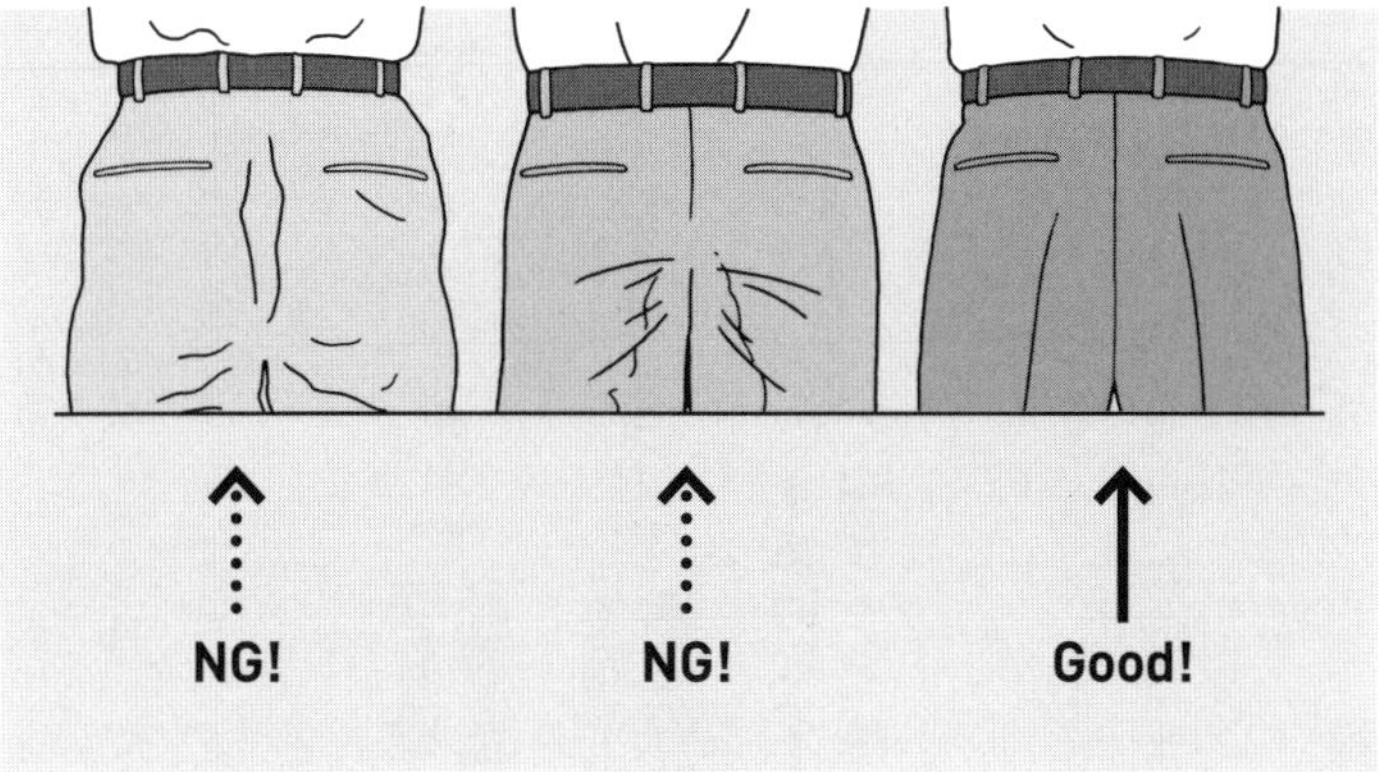

への気配りも抜かりなく行いましょう。
なお、パンツ選びの際はイスに座った状態でもチェックしてみてください。お尻がつっぱって違和感があるようでしたら、もう少しゆとりのあるものがよいでしょう。

以上の6点が「スーツ選びの基準」になります。ただ正直なところ、既製のスーツを試着しながら一着ずつポイントをチェックしていくのは骨が折れる作業になると思います。
そこで私がおすすめしているのは、イージーオーダーができるお店で採寸してもらい、ほぼジャストなスーツを作ってもらうこと。テーラーに足を運ぶのは敷居が高く、高価格なイメージがあるかもしれませんが、意外に街のスーツ店さんでも3万円台から生地を選び、採寸し仕立ててくれるところがあります。自分に合うスーツを探し出すよりも、自分にピッタリのスーツを作ってもらう方が「話が早い」と思いませんか。

スーツのオーダーには、大まかに3タイプがあります。

【パターンオーダー】 既製品スーツの中から自分の体に近いものを着て、許容範囲内で変更し仕立てる

【イージーオーダー】 生地やボタンを選び、採寸。各店の仕様で調整寸法を確認し、仕立てる

【フルオーダー】 本格的なオーダー。デザイン、体型、クセなどすべてその人仕様で仕立てる

冒頭でも述べましたが、見た目の印象が生涯年収に最大2700万円の差をつけます。それを思えば、3万円程度は十分な投資と言えますし、コストパフォーマンスも高いのではないでしょうか。

何より既製のスーツより、**採寸して自分の体型に合わせてくれたスーツの方が、気持ち**

の上でも大事に着るようになるはずです。結果、スーツ自体も長持ちする。

中には「スーツは仕事着だから」と、まるで消耗品のように軽視している方もおられるかもしれませんが、外見の8割を占めるスーツこそ最良のものを手に入れるべきです。ビジネスチャンスをつかむには、見た目で損をしないことが大事なのですから。

体型コンプレックスをなくすスーツのポイント

スーツは先の6点を意識して、セオリー通りに着こなすことがベースになりますが、せっかく着るならやはりスマートに見てもらいたいですよね。

もちろん太っているのも、ヤセているのもその人の個性であり、魅力でもありますが、本書をお読みのあなたなら、ご興味あるのではないでしょうか。

スマートに見せると人は「仕事ができそう」と好意的な印象を持ちますので、そのための知識を仕入れておいて損はないはずです。ほんの少し工夫するだけで、効果てき面なのですから。

1 ヤセて見せるテクニック

スーツの柄に着目し、**ストライプ幅を1センチ以内にしましょう。**とても細かい提言で恐縮なのですが、なぜか1・5センチになると効果は見られません。（むしろ逆効果かも）わずか5ミリの差ではありますが、ストライプ幅ひとつでヤセて見せることができるのは本当です。ストライプの幅の狭さに視線が引っ張られ、着ている人もヤセて見えるようになる、目の錯覚を引き起こしているのかもしれませんね。

2 小顔に見せるテクニック

女性の場合は顕著に「小顔＝カワイイ」につながりますので、小顔に見せるさまざまな手法やそのための器具がたくさん存在しますが、男性だって無関係ではありません。小顔に見せる工夫をすると全体のバランスが整い、スマートに見えます。

もしも顔の大きさが気になるのであれば、スーツのラペル（下襟部分）の幅を意識してください。**細いものよりも太めの方が、実際よりも不思議と小顔に見えます。**

顔の近くに細いもの、小さいものがあると、ギャップで顔の大きさが強調されてしまうのですが、そうした作用を逆に利用して顔の大きさを打ち消すわけです。太くて大きいラペルを配置することで、顔の大きさに相手の意識が向かないようになります。

3 背を高く見せるテクニック

少しでも背を高く見せたい場合は、無地のスーツではなく、**縦ストライプを選びましょう。**上下に伸びる直線には目線を縦に向かせる視覚効果があり、すらりとした印象をもたらすことにつながります。

たとえば格子柄（チェック柄）を選んでしまうと、縦線と同時に横線もあるため、目線が縦に行きません。縦への意識を横線が打ち消してしまうんですね。

スーツのストライプについては次の項目でもくわしくお伝えしますが、まずは「縦ストライプは身長を高く見せることができる」と覚えておいてください。

4 華奢《きゃしゃ》に見せないテクニック

体つきがヤセ型である場合、その見た目から華奢なイメージを持たれがち。だからといってガチムチに鍛え上げるのが最適解ではありませんが、どちらかと言えば大柄な体格である方が頼りがいを感じさせ、安心感につながって、お仕事を有利に働かせる可能性があります。

相手に頼もしいイメージを持ってもらうために、スーツの力で華奢に見えない体に補正しましょう。

その方法とは**「大きな格子柄」を選ぶ**こと。縦ストライプが上下の意識で長身を想起させるように、縦線と横線で構成される格子が大柄だと、しっかりとした体つきに見えます。これも視覚効果の一種ですね。

ただし格子の線の色はあまり目立たせないこと。一歩間違えると、とてもハデに見えてしまうことがあります。これはストライプにも言えることですが、生地と線のコントラストがありすぎると悪目立ちしてしまいます。コントラストの加減を抑えて、さりげなく取り入れましょう。

あるいは**スリーピース（ジャケット、ベスト、パンツが同じ素材の三つ揃い）を着るのも一手です。**同じ素材が全身を覆うことで重厚感が生まれ、どっしりとした印象になります。着るものひとつで印象が変わる好例ですね。

さて、以上が体格ごとに異なる「スマートに見えるスーツ選びのポイント」ですが、体つきはいたって普通、視覚効果を狙うほどではない、という方にもアドバイスをひとつ。

さすがに毎日同じ色、同じ柄のスーツを着続けるわけにはいきませんよね。悪目立ちはいけませんが、身なりに無頓着だと思われない程度にバリエーションを持たせて複数のスーツをローテーションさせたいものです。そこでスーツ選びに悩んだら、次の3種類を最低限押さえておくとよいでしょう。

・無地のネイビー
・ストライプ入りのネイビー（線のコントラストがはっきりしないもの）
・光沢のないグレー

これらはどんなネクタイでも合わせやすい、とてもベーシックなもので、基本的にはこの3着をローテーションさせるのが「困らないセオリー」です。

さらに買い足すのであれば色はブラウン系、上下違う組み合わせのジャケパンスタイルのネイビージャケット＋チノパンツ（ベージュやグレーなど）をラインナップに加えてもよさそうです。

運命を分けるスーツのストライプ幅

ヤセて見せるテクニックとして「ストライプ幅を1センチ以内に」とお話ししましたが、1・5センチ以上になると細身に見せる効果が薄れるどころか、見た目のインパクトばかりが強調されて、とたんにハデさが目立ちます。生地と線のコントラストが弱ければぎりぎり許容範囲内ですが、できれば**1センチ以内に留めましょう。**

私が以前、テーラーでスーツオーダーに立ち会ったとき、生地見本を手元で見ながら選んでいったことがあります。生地見本とは小さくカットされたスーツ用の生地を束ねて、色や柄、質感を比較・検討できるツールです。その時、私はストライプの生地を選んだのですが、いざ出来上がって着用後の姿を見てみたら、思った以上に「ハデだ」と驚いたことがありました。

生地見本ではいい感じに思えても、スーツに仕立てて着てみた時の印象はまた別物です。オーダーの際は生地見本から受ける直感だけに頼らずに、「ストライプ幅は1センチ以内」の法則を思い出してみてください。

ちなみに余談ですが、テーラーで生地を選ぶ際の注意点をもうひとつ。テーラーの店内で使われている照明はなぜかオレンジ色が多いのですが、そのオレンジ色が生地に反映しがちです。つまり、お店の外で見るのと異なる色合いで見えている可能性がある。

そこで試してもらいたいのは、気に入った生地が見つかったら、それを太陽光の下で見てみること。外に持ち出すことが難しければ、店内の太陽光が差しこむ窓際に移動して、照らしてみるといいでしょう。見え方の違いを実感できると思います。

既製のスーツを試着する時も同じです。これも私がスーツ選びに立ち会った時の失敗談ですが、やはり店内の照明が暗かったため、落ち着いたネイビーだと思っていた色が、思った以上に明るい色だったことがありました。やはり一度は窓際に移動して確認しなければと、思い改めたものでした。

クレーム対応での黒スーツは絶対NG

ビジネススーツもＴＰＯをわきまえる必要があります。特に気をつけたいのが、クレームに対応する際のスーツの色。正解は何色だと思いますか？

まず、黒ではありません。

黒は冠婚葬祭で着るフォーマルな色ですから、クレーム対応の場にはふさわしくありません。絶対ＮＧです。

黒でなければ、ネイビーでもありません。

学生や警察官が着る制服もネイビーですから、なんとなくベターな選択に思われがちですが、むしろ逆効果かもしれません。ネイビーは「威厳」や「自信」といった印象を与える色で、怒っている相手からすれば謝っているように感じられず、相手の怒りを鎮めるときにはとても不向きです。

ネイビーのスーツで思い出されるのは、アメリカの大統領就任演説です。世界のリーダーと言っても過言ではないアメリカの新大統領が民衆の前に姿を現し、初めて所信を表明する際は、必ずと言っていいほど「ネイビーのスーツに赤のネクタイ」。これも自信に満ちあふれたリーダーが世界にその存在を示すことに一役買っているわけです。

スーツの色というのは、かように人の印象を変えるんですね。

それでは正解をお伝えしましょう。**正解は、薄いグレーです。**付け加えるなら、ネクタイも地味なものがいいでしょう。

クレーム対応というのは、まず商品やサービスに何らかのトラブルがあり、それらについて怒りや悲しみを抱えている顧客の言い分を真摯に受けとめる仕事。問題解決に向けた適切なプロセスを提示することも大切ですが、何よりも相手の話をすべて聞き、怒りの感情を漏らさず吐き出して気持ちを落ち着けてもらうことが重要です。

つまりクレーム対応の現場において、主役は訴えている相手であり、聞き手に回るこちらの存在感はできる限り薄めなければいけません。まずは言い分を正面から受けとめ、謝っている姿勢を見せ、受け身に回ること。

そこで効果的なのが、聞き手の存在感を薄くするグレーのスーツというわけです。

ボタンの留め方と上級テクニック

何を着るかも大事ですが、どう着るかも大事です。スーツのボタンの留め方ひとつにも作法がありますので、社会人の常識として改めて覚えておきましょう。

【シングル（3つボタン）】「上」「中」下

縦に上・中・下と3つ並んだボタンがある中で、一番上と真ん中を留め、一番下を開けておきます。留める想定ではないボタンまで無理に留めようとすると、本来あるべきスーツの形を歪めてしまいます。シングルは一番下のみ空けると覚えましょう。

【シングル（段返り3つボタン）】上「中」下

シングルの中には一番上のボタンがジャケットの折り返しに隠れる「段返り三つボタン」という種類がありますが、こちらは一番下だけでなく、一番上も開けます。つまり、留めるのは真ん中だけ。上のボタンはあくまで飾りと割り切りましょう。

なお、これらは立って着ている時の作法であって、**イスに腰かける際はいったんすべて外しましょう。**ボタンを留めたまま座るとウエストが引っ張られる感じがありますし、何よりボタン部に過度な負担がかかり、ボタン糸がゆるむ原因にもなります。「座ったら外す」「立ったら留める」を徹底しましょう。

そうそう、立ち上がった時に両手でボタンを留め直す動作は、男性のセクシーな仕草のひとつです。私も好きです。

【ダブル（6つボタン）】（上）「中」（下）

やや上級テクニックを要するのは横に2つ、縦に3つ並ぶ「ダブル（6つボタン）」。

6つあるボタンのうち、必ず留めるのは真ん中の横2つ。上の2つはデザインに応じて留めます。問題は一番下の横列で、ここは状況に応じて留めたり、留めなかったりします。

たとえばドレッシーな装いで出かけるパーティーの場では、下の2つを留めると、かちっとした印象になり、華やかな場に対して品のある感じが出ます。一方、そうしたルールを知ったうえで、通常のシーンであえて外すと、アクティブなイメージで今度はこなれた感じになります。外しのテクニックですね。

つまり留めても留めなくてもどちらでもよいとされているのですが、TPOに応じて、どちらがふさわしいかを判断するようにしましょう。ダブルのボタンをうまく使い分けると、見ている人は見ています。「わかってるね」と。

ちなみに**ダブルで腰かける場合は、ボタンを外す必要はありません。**シングルと違って、留めたまま座ってもスーツに負担がかからないよう丈夫にできているからです。

ダブルのスーツはもともと軍服が由来となっており、戦闘時の激しい動きにも耐える形と考えると、着席した時に形が崩れないようにできているのも納得できますね。現代でもより礼儀を重んじる場で着られることの多いダブルですが、ボタンを留める留めないといった作法ひとつにも脈々と受け継がれてきた衣服の歴史を感じさせます。

白シャツのハイライト効果で顔を明るく

スーツの次は、中に着るシャツです。

もちろんシャツも毎日着るものですから、スーツ同様こだわりたいところなのですが、たとえばスーツを3種類、シャツを3種類持っていたとして、それだけで9通りの組み合わせが生まれます。そこにネクタイも合わせるとなると、あれこれ悩んでその日の「答え」にたどりつくのは大仕事。脳というのは疲れるもので「どの組み合わせで出勤するか」と悩むのに貴重なリソースを割くのは少しもったいない気がします。朝の時間も限られていますしね。
何を着るかをあらかじめ決めている人といえばアップル社の創業者である故スティーブ・ジョブズが有名ですが、実は経営者にはその手のタイプが少なくありません。やはり「服を選ぶ以外のことに頭を使いたい」という意識が働くようで、それがオシャレであるか否かは別として、着るものをいつも全身同じものに決めているんですよね。そこまでは極端な例にしても、たとえばシャツの色だけでもひとつに決めてしまえば時短になって、毎朝がラクになります。

私のおすすめは「シャツは白」と決めてしまうこと。

白いシャツには顔を明るく映えさせる「ハイライト効果」があります。いわば、テレビ番組で女優さんが顔の下からライトを当てるようなもの。もちろんその効果は男性にもあって、顔を明るく、肌ツヤも与え、生き生きとした表情に見せてくれます。細かく説明すると、シワや毛穴の陰影を光で飛ばすことで、若々しく精悍に見えるのです。成功オーラが顔から発せられているかのような印象のメイキングです。
シャツが白ばかりでは面白くないと思われるかもしれませんが、そんなことはありません。一口に白と言っても、素材や柄はさまざまあるからです。白の中にも豊富なバリエー

反射光で顔が明るくなる

カラーシャツは光を吸収

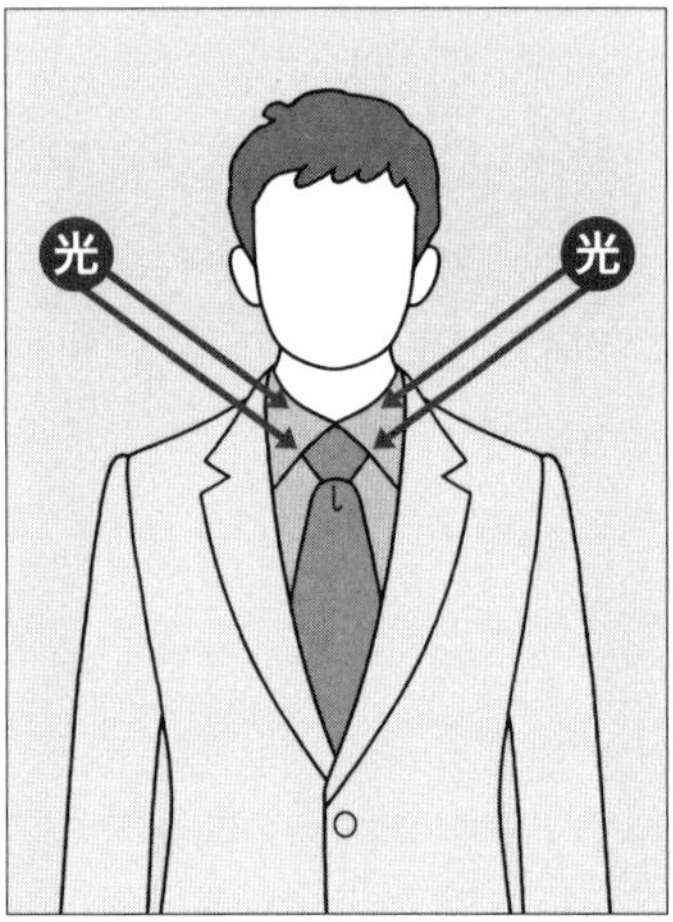

ションがあって、「違い」を見せるには十分ですから。

たとえば同じ白シャツでも「ブロードクロス」や「ドビーストライプ」「ヘリンボーン」といった具合に、生地の織りや柄の違いによって異なる名前がつけられています。これらを一通りそろえておいて、毎日取り替えれば「あの人は白を極めている」と一目置かれることでしょう。気づく人は気づきます。

たとえば壇上でプレゼンする時などは聴講者から距離が遠いですからさすがに気づかれないかもしれませんが、商談時などでは相手との距離も近く、シャツの違いは目に入ってきます。「この人いつも白いシャツを着ているけれど、よく見てみたらもしかして……」

と、注意を引ければこちらのもの。主張しすぎず、しかし違いを出せる。まさにダンディズムに通じる着こなしでステキですよね。

柄だけでなく襟も、いろいろな種類のシャツがあります。

小顔効果は得られない

対比の効果で小さく見える

一般的には「レギュラー」が多いですが、どうせ着るならスマートに見られたいもの。私のおすすめは「セミワイド」です。視覚効果によって、カラーの開きが広い方が小顔に見えます。（スーツ選びのラペルについてお伝えした視覚効果と同じです）一方、小顔に見せる必要がない細面の人は、標準の「レギュラー」を選んでおくのが無難です。

ところで、シャツの襟の先をボタンで留める「ボタンダウン」というタイプの襟がありますが、本来こちらは目上の方と面会するよ

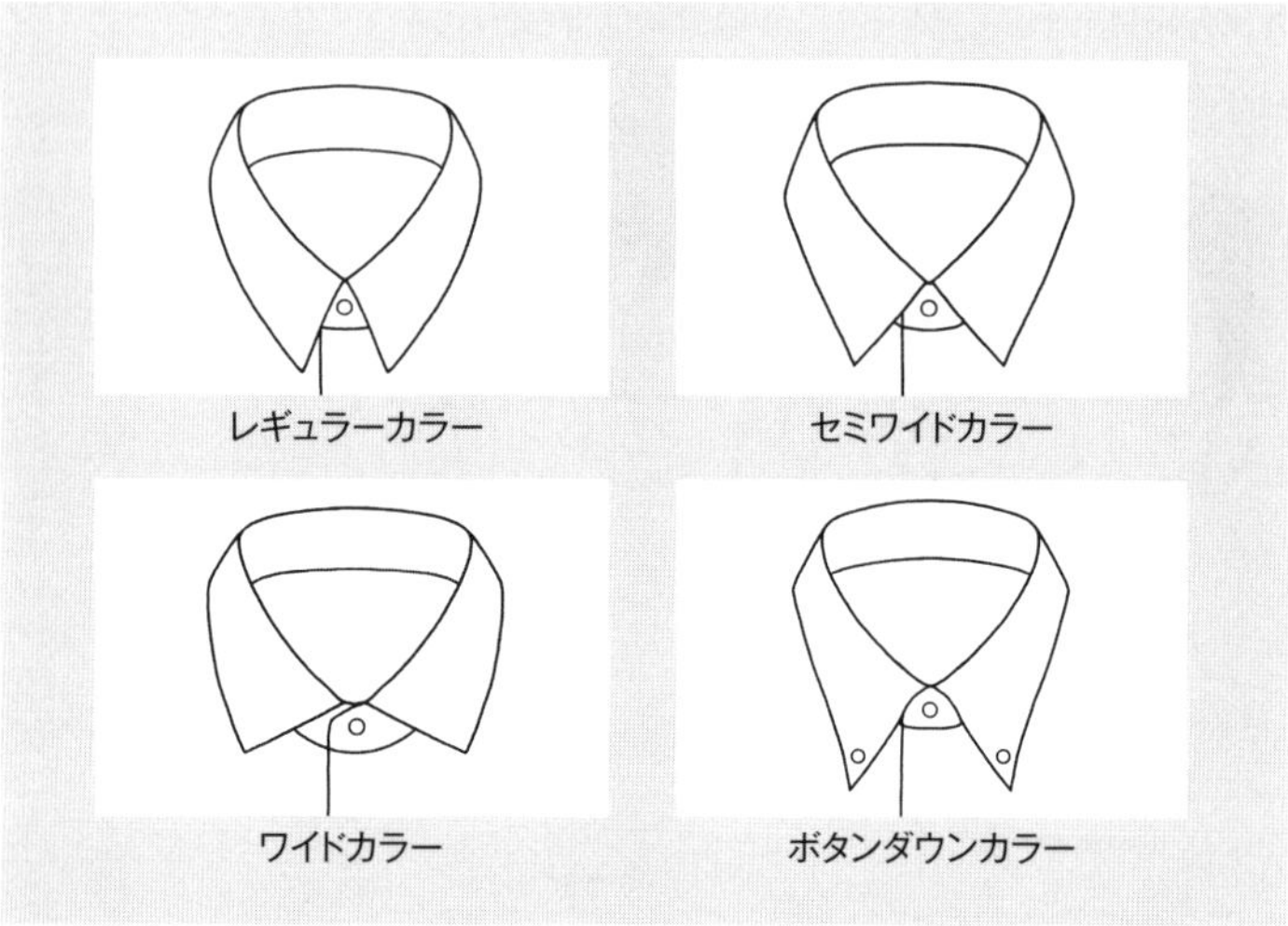

うな大事な場面には向きません。というのも、ボタンダウンはスポーティーでカジュアルな部類になるからです。

歴史をひも解けば、そのわけがわかります。もともとボタンダウンが生まれたのはポロ（スティックでボールを打ち合う騎馬ホッケー）をプレイする際に、襟がぱたぱたと動いて煩わしいためにボタンで固定するようにしたのがきっかけ。つまり、発祥からしてスポーツウェアだったというわけです。ものの始まりを知ると、なるほどですよね。

ちなみに余談ですが、俗に言うポロシャツは、もともとテニスプレイヤーが着ていたものをポロ競技者が取り入れてから広まったもので、海外では「テニスシャツ」と呼ばれているそうです。着るものの名前や形式の由来、さらには日本と海外の違いを知れば知るほど興味深いものです。

ノータイスタイルをだらしなく見せないコツ

夏のうだるような暑さでもジャケットを羽織るのが当たり前だった風潮が見直され、環境省による地球温暖化対策と節電の取り組みの一環として2005年より始まったクール・ビズ。夏のノーネクタイ、ノージャケットという軽装の呼びかけは当時の流行語となり、今ではすっかり定着しました。「暑くてもまわりが脱がないから脱げない」「冷房が効きすぎて職場が寒い」「寒くて脱がない」という悪循環が長らく続いてきましたが多くの業界や働く人々に受け入れられ、政府の大号令が功を奏しました。

ただ、国が呼びかけたクール・ビズのCOOLは「涼しい」と「かっこいい」の二つの意味があるのですが、ジャケットを脱ぎ、ネクタイを外した後の姿を「クール」にキメているビジネスマンはまだまだ少数派。どうしても「ただネクタイを外しただけ」の印象になってしまい、だらしなく見えてしまっているのはとても残念です。

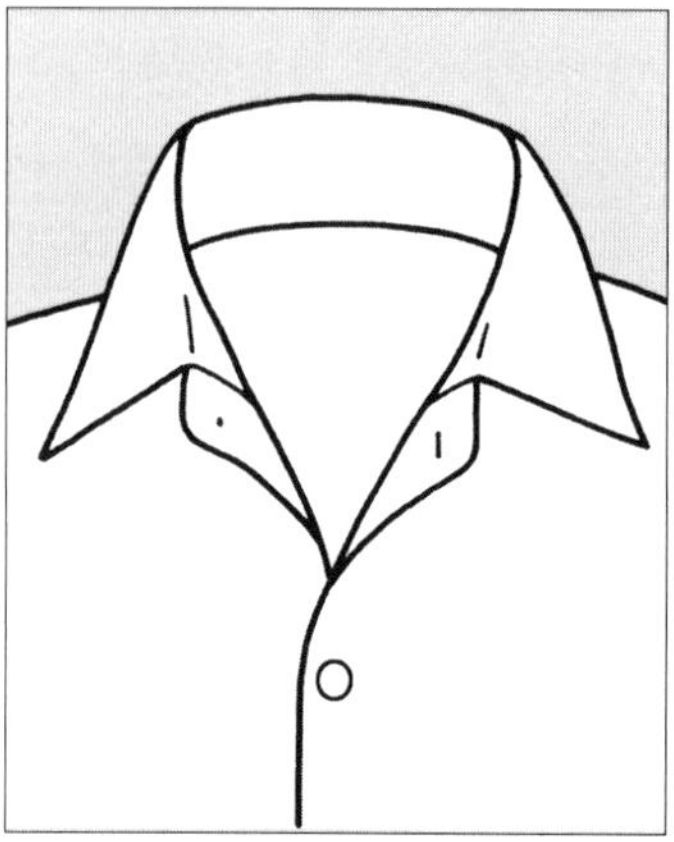

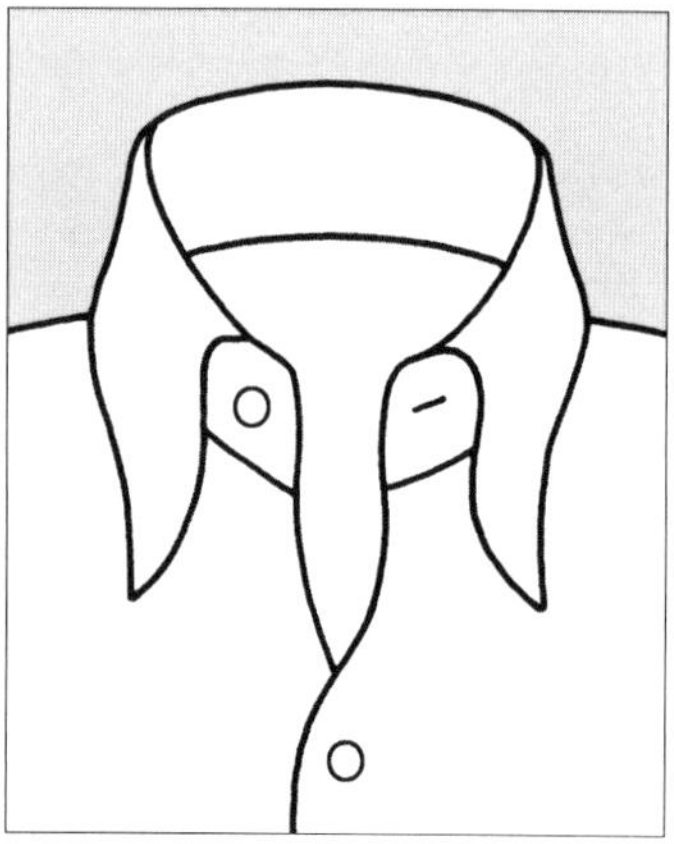

それにしても、なぜだらしなく見えてしまうのか。それはシャツのセレクトが合っていないからです。

私は先ほど「セミワイド」のシャツをおすすめしましたが、これはあくまでジャケットやネクタイありき。クール・ビズの時期は逆にNGです。というのも、ネクタイを外すと襟が横にくたっと広がって、どうしてもくたびれた感じに見えてしまうからなんですね。その原因は、襟（カラー）の高さが低いこと。

ですから**クール・ビズ時におけるシャツのカラーは、ある程度の高さがある方がベター**です。高さがあると、襟が立ち、縦のラインが強調されて、上品かつスマートになります。

たとえば襟の型としては「スナップダウン」や「ボタンダウン」を選ぶとよいでしょう。「スナップダウン」は襟の裏にスナップがほどこされており、襟が広がりにくく、形をキープしやすいのが特徴です。クール・ビズにはカジュアル要素もありますから、時と場合によっては「ボタンダウン」のチョイスも悪くありません。

とにかく襟に立体感を出すこと。それがノーネクタイ、ノージャケットでもだらしなく見せないコツです。

クール・ビズの季節でも、場面によってはジャケットをさっと羽織ることもあるでしょう。その場合はネクタイだけを着用していない中途半端な印象となり、「ノーネクタイであること」が気になってしまいます。

そこでノーネクタイでもきちんと見えるテクニックとして、ジャケットの胸元にチーフを挿す方法があります。欠けたように感じさせるネクタイの不足感を、胸元のチーフが視覚的に補ってくれます。

とはいえ、やりすぎは禁物。たとえば大きく目立つワンポイントが入っていたりするような、小粋なチョイスは行きすぎです。ちょうどいいのは、白いリネン（麻）のチーフが

ネクタイを外しただけの印象

襟の高さとチーフで上品さを

胸元から少し出ているくらいのさじ加減でしょうか。おすすめの挿し方は、ポケットから1センチだけ直線で見せる「TVフォールド」。（別名スクウェア）この挿し方はニュースキャスターが始まりと言われています。彼らは、信頼、誠実、説得力というイメージが大切。まさにビジネスにぴったりですね。

色選びではスーツと同系色のブルーなど、できれば控えめなチーフをセレクトしましょう。そのくらいでも十分存在感があり、きちんと感を演出できますから。

チーフの挿し方にはさまざまあり、華やかな席で使える形も左ページにご紹介しておきます。

クール・ビズは夏の暑さから解放してくれ

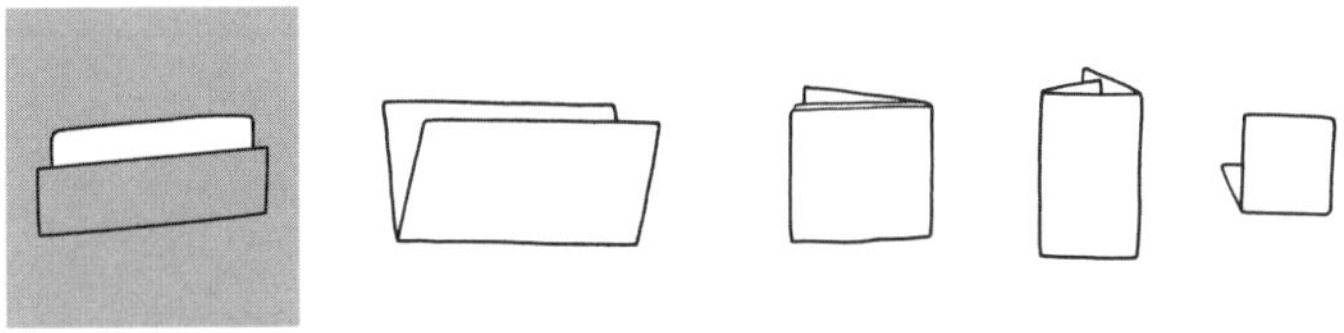
TVフォールド

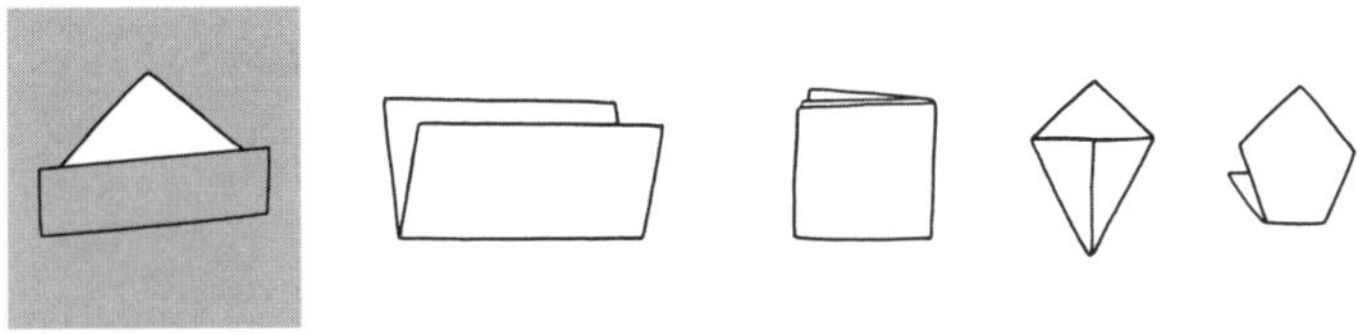
トライアングル

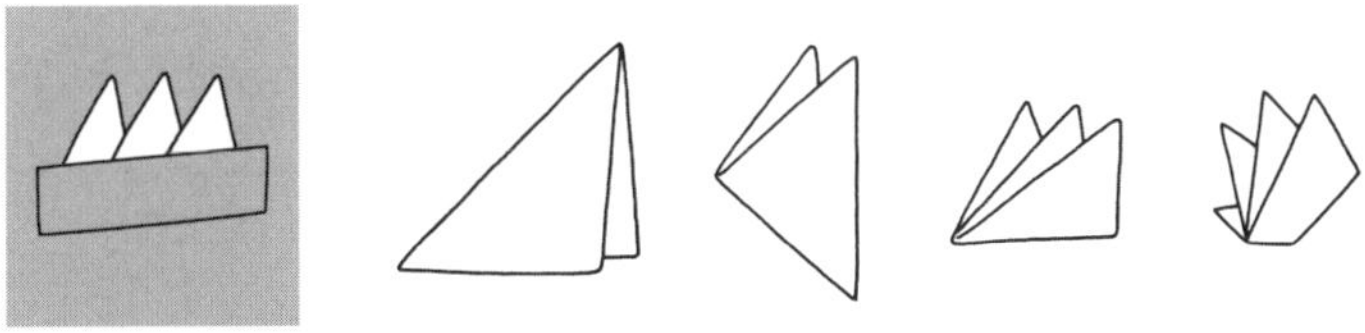
スリーピークス

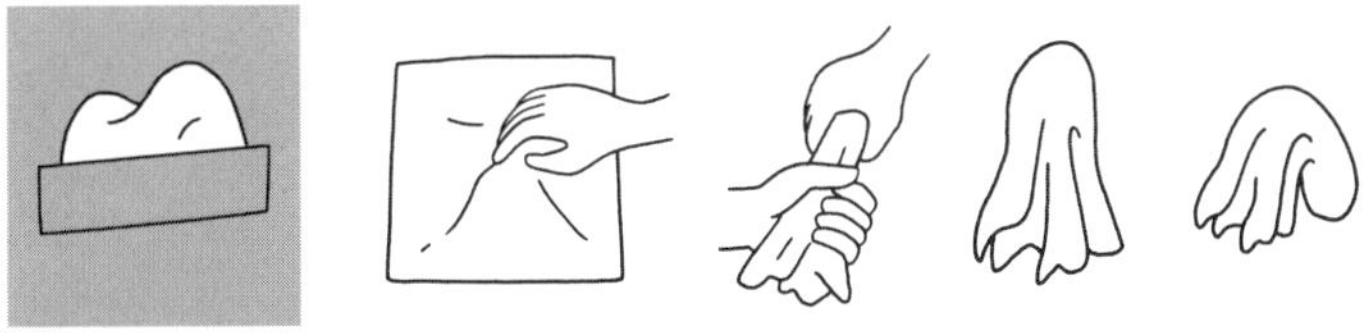
パフド

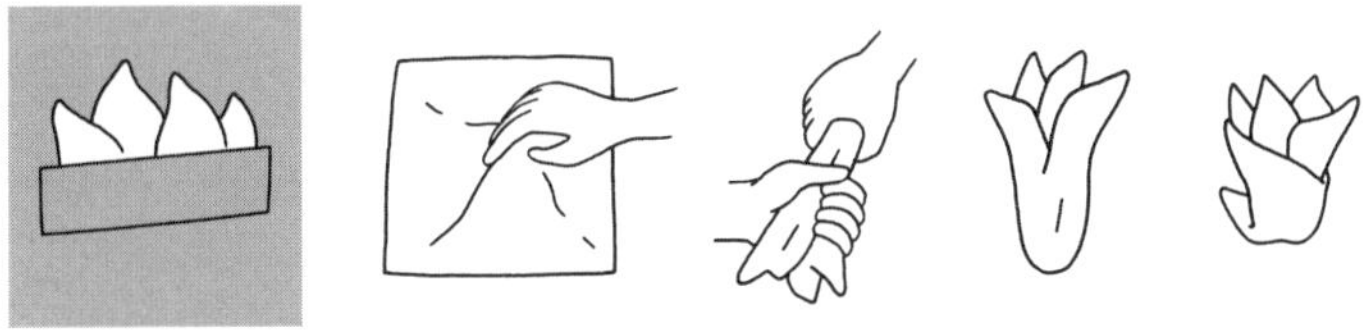
クラッシュド

ましたが、きちんとした身なりを心がけることは忘れないようにしましょう。

ネクタイの長さと幅を整えて立体的に

ネクタイの基礎知識として押さえるべきは「長さ」と「幅」です。

まず、**ネクタイを締めた時の正しい長さは、直立した際にネクタイの先端がベルトのバックルの中央にかかる程度。**必要以上に長すぎると、座った時に股のところまでかかってしまってバランスがよくありません。

幅については、スーツのラペルの幅を意識してバランスを取りましょう。具体的には、ラペルが幅広なのにネクタイが細いようではアンバランス。太めならどちらも太め、細めならどちらも細めと帳尻を合わせると美しく見えます。

そんなネクタイをさらに美しく際立たせる方法が2つあります。「ディンプル」と「カラーバー」です。

ディンプルとは「くぼみ」のことで、ネクタイの結び目の下にくぼんだところがあると、立体感が生まれてより美しく仕上がります。

　作り方は簡単。ネクタイを締め上げる最後の段階で、中央に指を当ててくぼませながら結ぶだけ。この最後の一手間があるかないかで立体感に雲泥の差が生まれます。

　なお、ナロータイプのネクタイはディンプルを作れません。モードな細身のネクタイのことで、一般的なビジネスシーンには不向きですが、ナロータイプに関してはくぼまないことを覚えておきましょう。

　ネクタイに立体感を出すもうひとつの方法として、襟の下に「カラーバー」（カラーピン、カラークリップ）を差し入れる方法があります。ネクタイに用いるツールとしてはタイピンが一般的ですが、こういう便利なツールもあるんですよね。

　このカラーバー。クラシカルなアイテムですが、ちょっとしたパーティーなど、少し違いを見せたいオシャレな会場で効果的。仮に全身シンプルな控えめコーディネートだったとしても、このカラーバーがネクタイにアクセントを加えて「きちんと感」を演出できます。首もとの見せ方ひとつで、とてもエレガントになることを覚えておくと便利です。

相手を無意識に取りこむネクタイビーム光線

寝室のカーテンは暖色系ではなく寒色系が好ましいと言われます。前者は体温を上げる興奮作用があり、後者は感情に落ち着きをもたらします。色というのは実は侮れないもので、自分や相手の心理や体に働きかける力があります。

そうした色が持つパワーを利用して、ネクタイの色を使い分けてみましょう。色がもたらすイメージは、たとえば次の通りです。

【赤】勝負どころで力強さを感じさせる色。
【青】誠実さや信用、信頼につながる安心の色。
【黄】楽しげで親しみを感じさせる色。
【オレンジ】明るく健康的なイメージを与える色。
【紫】優雅な色。

色だけでなく柄も、人の心理に働きかけます。代表的なものを挙げてみましょう。

【小紋】 上品かつ誠実なイメージ。模様が小さいとクラシカルで好印象。
【無地】 使いやすく意外な存在感あり。素材によって光沢感があり華やかさを演出する。
【ドット】 点が大きいほど個性が強くなるため、ビジネスシーンでは小ぶり推奨。
【チェック】 色数が多いほど派手でカジュアル。通常のビジネスシーンでは色数と格子線が少ないものが無難。
【ペイズリー】 個性的で主張が激しく、華やかな場向け。小紋のような抑えめの配置なら通常使用も可。
【レジメンタル】 真面目さや誠実さを象徴。ただし使用にあたっては注意。

ネクタイ選びの醍醐味は、色がもたらす印象と、柄が与えるイメージやストーリーをクロスさせること。「誠実な色」に「誠実な柄」をかけ合わせれば、少なくとも見た目の印象は「誠実な人」になるはずです。色や柄、それぞれが与えるイメージを知識として頭に入れておき、今日はどういう日かを考えながらベストな組み合わせを引き出しましょう。

私の個人的な好みとしましては、華やかな席ではネクタイの柄に使用されている色の中

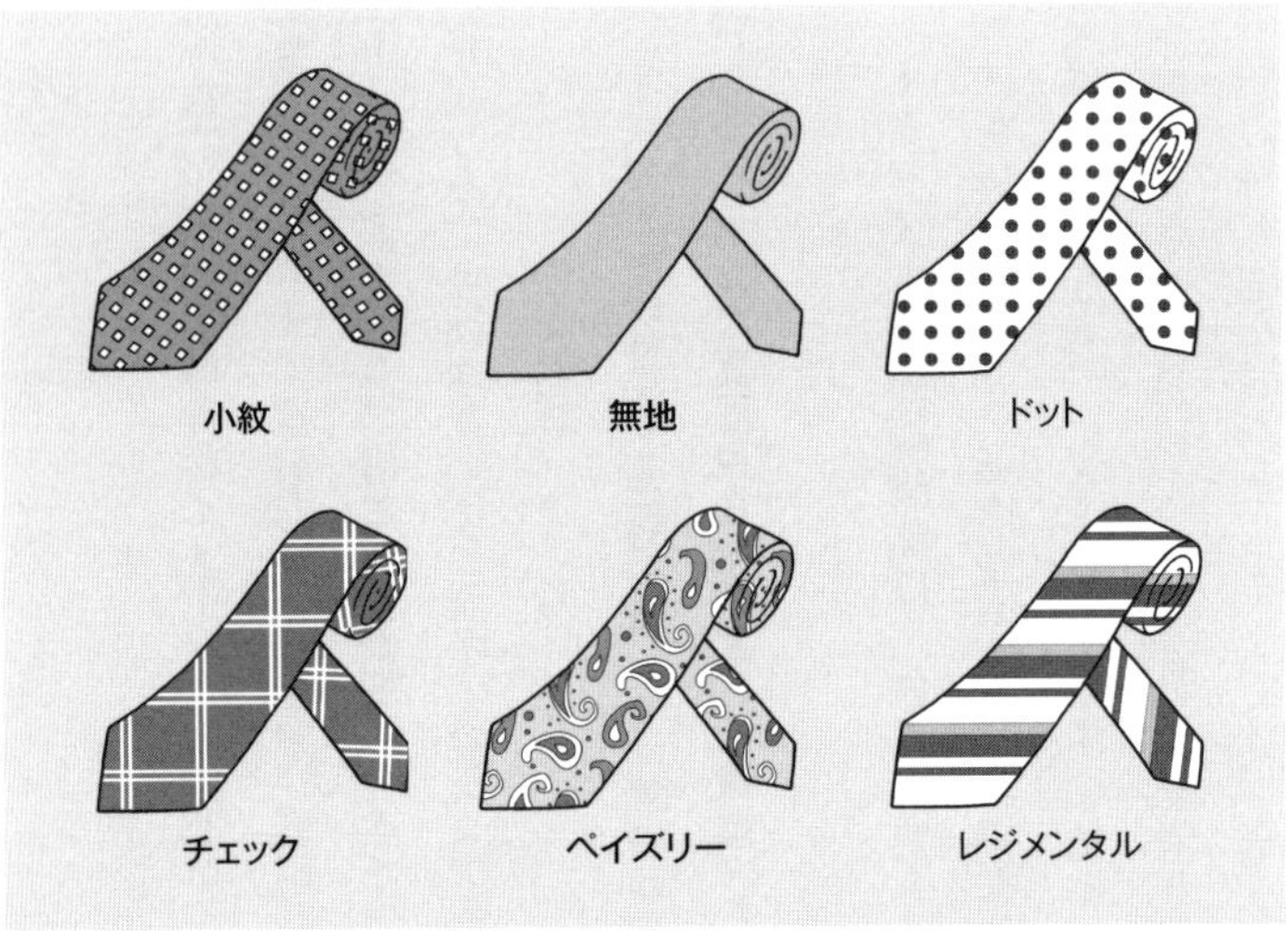

から一色チョイスし、その色の単色チーフを胸元に挿す組み合わせがステキ。その逆で、ネクタイを無地にして、その色が含まれる柄物のチーフをポケットにというのもいいですね。

柄×柄ですと一歩間違うとトゥーマッチな印象があり、これを成功させるにはテクニックが必要です。でもネクタイかチーフ、どちらかに柄をしのばせることで控えめな上品さを演出できます。

チーフとの組み合わせまで意識できれば、かなりの上級者ですが、まずはネクタイの選択眼を養いましょう。シーン別におすすめしたい色と柄の組み合わせを紹介しておきますので、こちらもぜひ参考までに。

【初対面や契約書を交わすシーン】誠実さを思わせる「青」×「小紋」、または「レジメンタル」。

【プレゼンや登壇などの大一番】力強さがある「赤」×「レジメンタル」、または「小紋」。

【懇親会やコミュニケーションを図りたい】親しみやすさがある「黄」×「小さいドット」。

【祝賀会など華やかな宴席】エレガントな「紫」×「光沢感のある無地」。（＋カラーバーなど）

レジメンタルタイといえば、ここで豆知識。

この柄はネクタイによく見られ、所有している人も多いと思いますが、海外とのビジネスの際にはご注意ください。

もともとレジメンタルはイギリスの軍旗が発祥で、隊員がどの連隊に所属するかを識別するために使用されていた機能的な模様です。戦場で敵味方を区別する意味もあったでしょう。そうした歴史の流れをくんで、現代の欧米では組織や団体の所属を表していたり、スクールタイなどに多く用いられています。代表的な例として、イギリスの名門オックスフォード大学やケンブリッジ大学のスクールタイ。これらの大学には数多くの校舎があり、それぞれにオリジナルのレジメンタルタイがあります。

こういったことから、この柄のネクタイは学生やそのOB、特定の団体や組織をイメージさせるからでしょうか、欧米ではあまり人気はないようです。（今では、このような歴史があることをご存じでない方も多いようですが）

それを踏まえて、何かの国際会議の場における各国要人の姿を見てみると、やはりレジメンタルのネクタイを着用している人はほとんどいません。まれに見かけることもあるのですが、その場合もレジメンタルの意味するところをちゃんと知ったうえで、あえて何かをアピールしているのかもしれません。

ある人がレジメンタルタイを締めて「同窓生ですか⁉」と勘違いされてしまったという、まことしやかな話もあります。ということで、海外出張の際や外国の方々とお仕事をされる場合は、極力レジメンタルを避けた方が無難ですね。

スーツの靴とベルトは兄弟

靴とベルトは兄弟です。簡単なようで案外難しい両者の組み合わせを極めると、スーツスタイルにおける小物選びは、グンとレベルアップします。

端的に言えば、**靴とベルトの色を同系にまとめること。**両者は同等に見られるアイテムであり、色を合わせておくべき「押さえどころ」です。

ただ同系色にすればいいのではなく、ビジネススタイルにおいての理想を言えば、ほとんど同じ色であるのが望ましいです。微妙な差異があると、かえって気になってしまいますから。

たとえば靴もベルトも黒であれば、ほとんど違いはありませんから、それほど難しくありません。厄介なのはブラウンです。ブラウンといっても赤系もあればダークブラウンもあり、ひとくくりにすることはできません。ほとんど別物と言ってさしつかえないでしょう。

そこで、靴やベルトをお店で買い求める時、ぜひやっていただきたいのは、購入（予定）品に合わせたいものを着用していく、あるいは持参すること。

靴を買いたいのであれば手持ちのベルトをつけていく。ベルトを買いたいのであれば合わせたい靴を履いていく。そして、その場で色合いを参照するのです。

勘で選ぶとほぼ失敗します。人の記憶はあやふやなものですし、何よりお店の照明など判断を狂わせる要素もあります。（スーツ選びでも同じでしたね）靴やベルトの実物がそこにあり、同じ環境下で照らし合わせてみる、という方法でミスジャッジを回避してもらえればと思います。今後は「思っていた色と違う」と、帰宅後に落胆することのないように。

神が宿る!? 抜かりない靴下

スーツスタイルの総仕上げを決めるのは靴下選びです。「神は細部に宿る」という言葉があるように、チラリと見える靴下もぜひ抜かりなく。

スーツスタイルにおける靴下は「ロングホーズ」がおすすめ。いわゆるハイソックスのことですが、膝の下まで伸びる長さが特徴です。なぜ長い靴下が好ましいかといえば、背景に「すね毛問題」と「快適さ」が挙げられます。

まず、スーツの下に短い靴下を履いてしまうと、足を組んだ時や電車の座席に座った際に、パンツの裾からすね毛が覗いてしまいます。これはマナー違反。たとえすね毛が生えていなくても、素肌がそのまま見えるのはＮＧです。一般的なビジネスソックスでも問題はありませんが、ズレ落ちて体毛がチラリと出ている男性を多々見かけます。本人からは見えないので、気づかないのも無理はありませんが……。やはり全身のコーディネートはばっちりでも、靴下が短いがためにすねがむき出しになると、とたんに残念に見えてしまうから不思議。とてももったいないことです。

私がロングホーズをおすすめするもう一つの理由は、何より長い靴下の快適さです。冬は暖かさを求めて着用される方がほとんどだと思いますが、夏も意外におすすめです。というのも、汗をかく夏場はスーツのパンツの裏地が素肌にベタッと張りついて、なんとも言えない不快感がありますよね。その点、長い靴下は汗を吸い取ってくれるため、パンツの中のジメジメを軽減し、快適さを維持してくれます。

これは一時期、ステテコが見直された理由と同じですよね。「冬はあったか、夏は涼しい」は正義。ぜひオールシーズンでロングホーズを着用してみてください。

成功オーラを増幅させる色の選び方

自分のスペックとして身長や体重、血液型や星座などはどなたでも把握されているかと思いますが、案外「自分に似合う色」をきちんと理解できている男性はほとんどいません。

たとえば、過去に青いネクタイをしていたら誰かに「似合わない」と指摘され、それ以来「青は似合わない色」の烙印を自分の中でなんとなく押していたりしませんか。それはあなたの可能性の幅を狭くするので、とてももったいないことです。

色には系統と濃淡があり、同じ「青」でもさまざまなものがあります。自分に合った色選びのポイントさえつかんでおけば、あなたの色のチョイスにもう失敗はありません。

色は相手の目に飛びこんでいきます。あなたに合った色をまとうことで、さらによい印象が増幅されますので、ぜひこの方法を知ってください。

その方法とは、ゴールドの指輪とシルバーの指輪を同時に指にはめてみること。両者を比較して、どちらが「より肌にしっくりくるか」を見定めるというテクニックです。

色は「青系」と「黄系」に大別されます。たとえば白の中にも青みがかったホワイトと、黄みがかったオフホワイトがあるのはご存じだと思います。「青系」と「黄系」、そのどちらが自分の肌色に合い、なじみやすいかを知っておくと、衣服や小物選びの判断基準のひとつになって便利です。

もしもゴールドとシルバーの指輪が手元になければ、ライターやキーホルダーでもかまいません。手の甲に置いてみて、どちらの色がしっくりくるか確認してみてください。

シルバーが合うようであれば、「青系」の色、ゴールドが合うようであれば「黄系」の色を選んでみてください。

また濃淡についてですが、季節で選ぶとよいですね。春夏は淡く、秋冬は深みのある色という具合です。その際に全体的に同じトーンでそろえるより、逆の濃淡色を挿し色で入れてみると、色にリズムが出ますのでおすすめです。

【青系】

春夏……青系の淡い色を中心とした色選び（挿し色で深みのある色を取り入れる）

秋冬……青系の深みのある色を中心とした色選び（挿し色で淡い色を取り入れる）

【黄系】

春夏……黄系の淡い色を中心とした色選び（挿し色で深みのある色を取り入れる）

秋冬……黄系の深みのある色を中心とした色選び（挿し色で淡い色を取り入れる）

実は、女性は「自分がどちらのタイプか」を知っています。というのもメイクで使うファンデーションを選ぶ際、自分の肌色のタイプを必ず診断しているんですね。つまり、こういった微妙なニュアンスの色の違いを女性はよく理解しています。

そこで、どちらの色系統がよいのか迷ってしまった時には、お店で女性の店員さんにどちらが似合うかを聞いてみるのが一番確実。こういう時こそ、お店の人のアドバイスを活用しましょう。自分が映える色は何系の色か、これを機にぜひ知っておいてくださいね。

アドバイスをもらうなら一番地味な店員さん

美容院に足を運ぶと、カットしてくれる美容師さんのランクを選べるお店がめずらしくありません。ランクによって技量が異なり、お客さんからの支持率にも差があるようで、ランク別に異なる料金が設定されています。

せっかく髪を整えるなら店一番の腕利きにお願いしたいものですし、お財布に余裕がなければ、上から2番手に。下位のランクの人はなんとなく選びづらいものです。

そうした心理と同じで、洋服店さんでスーツを選ぶ際も、店内で最も華やかで目立つ店員さんに店一番のアドバイスを求めがち。ファッションセンスがありそうで、引き出しも豊富そうに見える方であれば、話を聞いてみて損はないかもしれません。

ただ、**スーツに関するアドバイスをもらうなら、店内で一番地味な店員さんに声をかけた方がいい。**それが私の持論です。正確に表現しますと「品のある慎ましいスーツスタイル」の店員さんですが、その理由は（あくまでも私の経験になりますが）華やかで目立つ店員さんは「ご自身」が基準となって、おすすめしてくるものもややハデになる傾向があるからです。

もちろん、あなたがどんな業界で、どんな肩書きで働いているかをみっちりカウンセリングしてくれて、それを踏まえたセレクトをしてくれる方もいます。そんなプロフェッショナルな店員さんに出会えれば最高ですが、残念ながらそこまでの時間を割いて接客してくれる方は、なかなかいないでしょう。

アパレル店における店員さんはマネキンと同じであり、お客さんをより惹きつける色や柄を、自信を持って身にまとっています。職業柄、当然のことですが、ご自身の感覚で提案をされていることがありますので、見極める目が必要となります。

そうして店員さんに、自分には合いそうにない、悪目立ちしそうなスーツやアイテムを提案されても、知識があれば要望も伝わりやすく、たがいのコミュニケーションが深まり、よりよい一品にたどりつけます。一方的に提案されたものを鵜呑みにするのではなく、楽しみながらベストなスーツを見つけたいなら、ある程度の知識を持っておくとよいですね。

スーツ選びで誰に声をかけてアドバイスを求めるべきか迷ったら、店内で一番地味（品のある慎ましいスタイル）な店員さんを見つけましょう。

自分に合ったスーツをきちんと選ぶには、信頼できる店員さんを探すことがまず大事です。そしていずれは、自分の判断でスーツ選びができるようになりましょう。

第2章

これで安心！ニオイ完全クリーニング

データが教えてくれるニオイケアの重要性

男性用化粧品メーカーとしてトップシェアをひた走る株式会社マンダムが、こんな興味深いアンケート結果を発表しました。題して「職場で容姿や身だしなみでどうにかしてほしいこと」。このヒヤリとするような直球の問いかけに対し、25～49歳の働く男女117人中、実に**過半数の方が「どうにかしてほしい」と答えたのが、体臭や口臭などのニオイ。**他にもフケや清潔感のない髪、鼻毛などさまざまな回答が寄せられましたが、中でも群を抜いて多いのがニオイでした。

さらに根が深いことに「職場で最も指摘しにくいこと」という別の問いかけに対し、なんと7割の人がニオイ（体臭・口臭含む）と回答。つまり職場におけるニオイ問題は「どうにかしてほしいけど相手に指摘しづらい」という魔の領域に属しているのです。

でも、実際その通りですよね。親しき仲にも礼儀ありと言いますが、いくら自分の夫や彼氏でも「あなたは臭《くさ》い」と、面と向かって言える女性はまれです。男性同士でさえ気を遣うでしょう。仮にニオイが鼻をかすめても、だからといってわざわざ指摘するのは相手を傷つける気がしてはばかられるもの。ニオイの問題はとかくデリケートです。

さらに厄介なことに、ニオイを発している本人が自分のニオイを自覚できていない場合が往々にしてあります。ペットを飼っている方のお宅にうかがうと時々慣れないニオイがすることがありますが、そこで暮らしている方は鼻がすっかり慣れてしまって、そのニオイを感じられなくなってしまっているんですね。それと同じで、嗅覚は慣れが生じてしまうもの。自分が発するニオイや自分と同化してしまったニオイは、自分では気づきにくいものなのです。

ここまで知ってしまうと、誰しも自分のことが気になってしまうものです。

あの人は体臭が強い、口臭がひどいと不快に思っている自分自身が、まさにそうである可能性もゼロとは言えません。なにせまわりは気を遣ってくれていますから、仮に「自分は臭《にお》うかどうか」を誰かに問うたところで、聞かれた人は角が立たないように否定するでしょう。ニオイが強ければ強いほど、まわりは気を遣うものです。

でも、もう心配ありません。**きちんとケアさえすれば、ニオイの問題は十中八九解決します。** ニオイが発生するメカニズムをきちんと理解して、正しい方法でケアすれば、不安になることはありません。もしかして自分は臭うのではないかと疑心暗鬼になっている人も、自信を持って人と対面できるようになります。

体臭や口臭、足のニオイやフレグランスなど。ニオイにまつわるあれこれを、今から学んでいきましょう。

しのびよる30代特有の脂臭と40代からの加齢臭

30代も半ばを過ぎると「加齢臭が出てきた」「身近な人から臭うと指摘された」と嘆きの声を上げる男性が現れ始めます。でも、ちょっと待ってください。そのニオイ、実は加齢臭と似ているようでまったく別物です。

その名は「ミドル脂臭」。（２０１３年／マンダム発表）

たとえばタクシーに乗るとおじさんのニオイを感じるときがありますよね。男性的な皮脂特有のニオイ、あれがミドル脂臭です。一方、別物の加齢臭はもう少し質が異なり、高齢者特有の体臭です。ミドル脂臭には少し脂っぽさがありますが、加齢臭はどちらかと言えばかすれた感じのニオイで、両者は似て非なるものなんですね。

男性の加齢による体臭の変化

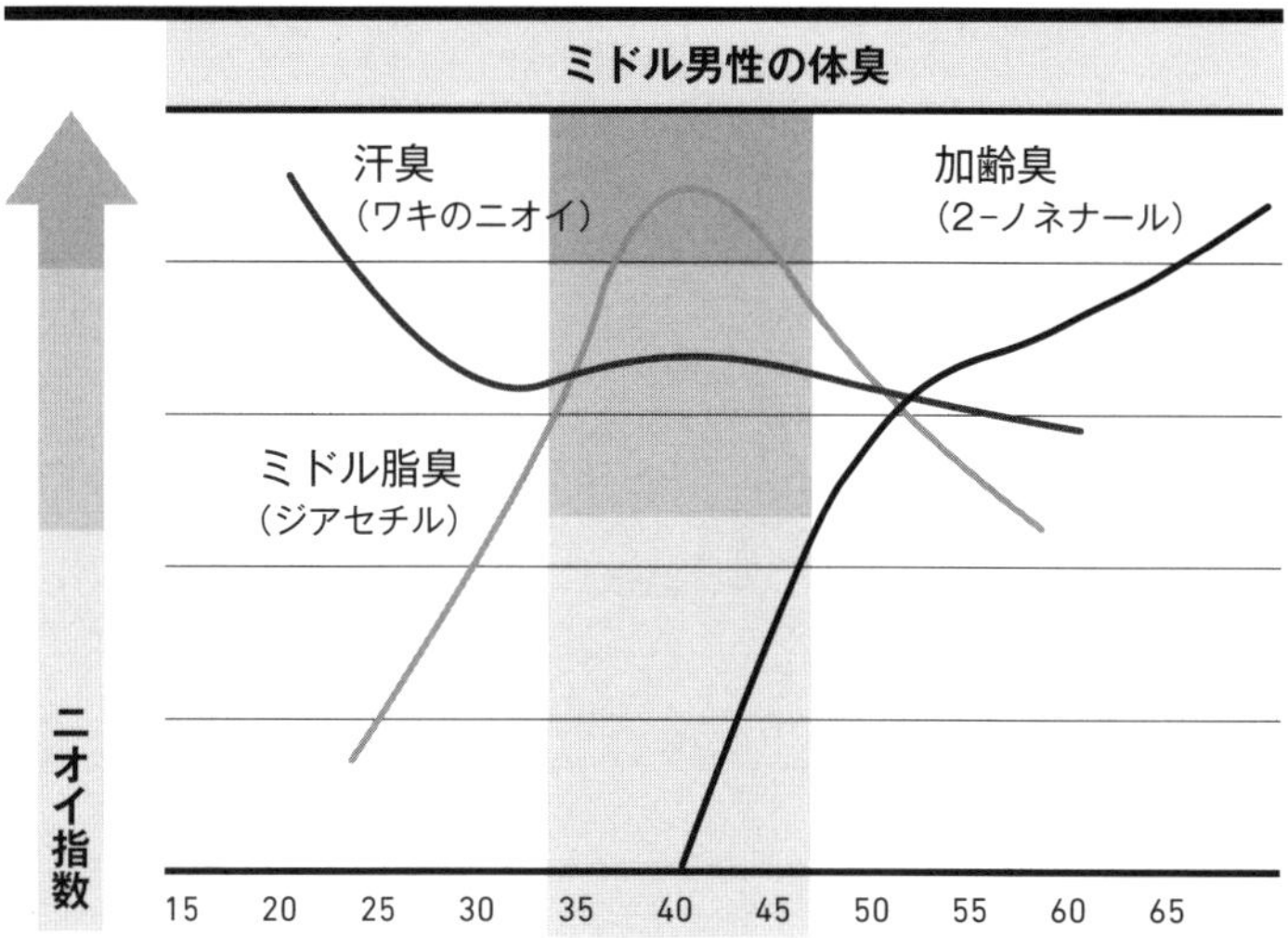

▲ 出典：マンダム2013年11月18日リリース

それではミドル脂臭と加齢臭の違いを、その発生メカニズムから見ていきましょう。

まずはミドル脂臭。皮膚の上に付着している汗がブドウ球菌によって分解されて「ジアセチル」という物質が生成されるのですが、そのジアセチルと皮脂（皮膚の脂）が混ざることで、ミドル脂臭と呼ばれるニオイが発生します。**ミドル脂臭は加齢臭より空気中に拡散しやすく、人と離れた位置にいても気づかれやすい性質があります。**周囲の人に「臭う」と指摘されたとしたら、そういう理由があるからです。

一方、加齢臭は皮脂が酸素と結びつい

て、酸化したニオイ。言うなれば皮脂が錆びてしまっているんですね。より専門的に言えば、若い頃、それこそ10代の頃から発生していた皮脂中のパレミトオレイン酸が加齢によって増え、酸化することで「ノネナール」という物質が生成されます。これが加齢臭の正体です。

ご自宅のキッチンを思い出してみてください。ガスコンロの上のフードに、ギトギトした黒い油がこびりついていませんか。あれが酸化した油です。新鮮な油はもっとサラサラしてニオイもないのですが、**人間も歳を重ねると酸化しやすい物質がどんどん増えて、皮脂がギトギトしてきます。**そしてニオイを放ち始める。

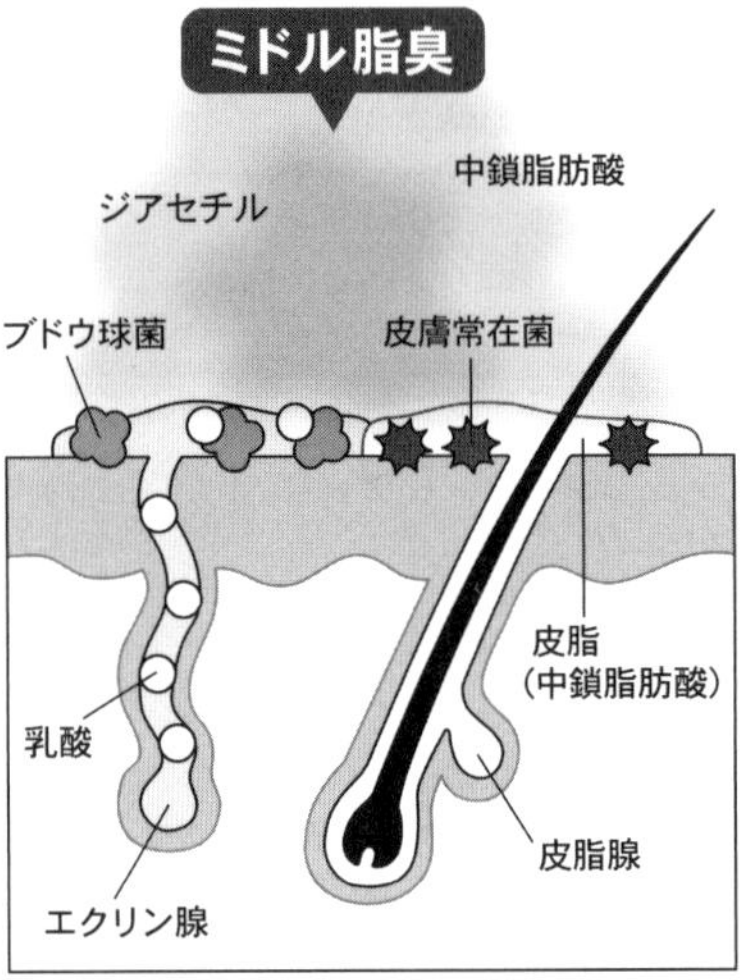

ミドル脂臭も加齢臭も、どちらも皮脂が関係している特有のニオイですが、そうは言っても皮脂を取り除くことはできません。人間の皮膚はこの皮脂によって潤いが保たれてお

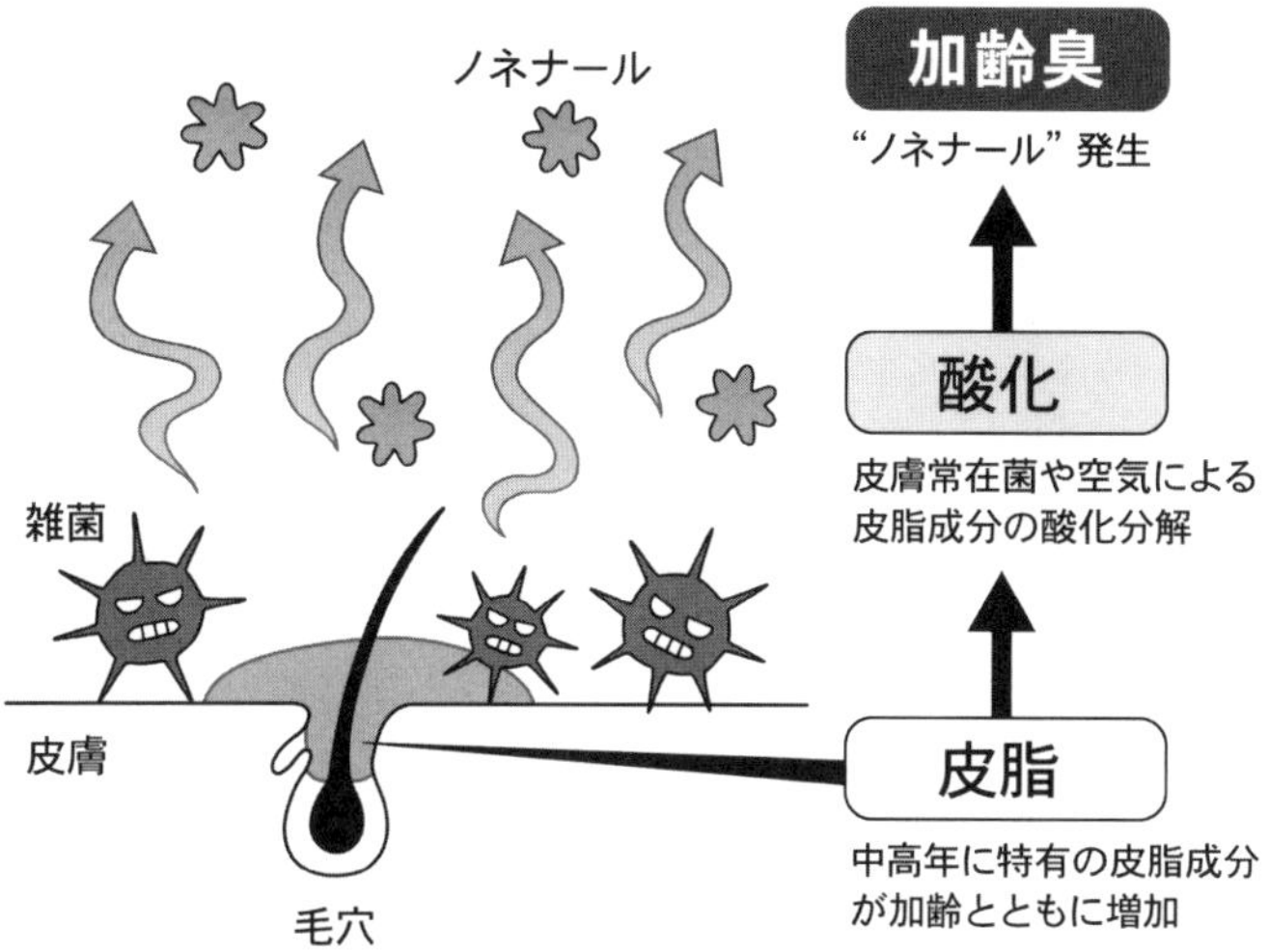

り、必要なものでもあるのです。

それでも、できることはあります。きちんとケアをすれば、これらのニオイを抑えることは可能です。その方法を具体的にお教えしますので、できることから取り入れてみましょう。

対策━1━後頭部と背中をていねいに洗う

毎日きちんとお風呂に入ることは言わずもがなですが、その際、皮脂が出やすい頭、特に**後頭部と背中を意識して洗いましょう。**この部分は体の中でも皮脂腺が集中しているため、ていねいな洗浄がポイントです。あまりゴシゴシと強い力で洗わないこと。肌に負担がかかって頭皮や肌を傷める原因になります。ほどよい力でていねいに一日の皮脂を洗い落としましょう。

対策 2 ハンカチではなくデオドラントシートで汗を拭く

汗をかいたら、デオドラントシートで拭き取りましょう。ハンカチやタオルでも拭かないよりはマシなのですが、拭いた後にバッグに入れると菌が繁殖し、一日にくり返して使うことは、ニオイの元をさらに顔に塗りつけているようなもので不衛生です。使い捨てのデオドラントシートでしたら、そうした心配はありません。また抗菌入りのものも多く、拭うことでかいた汗が臭いやすくなるのも防いでくれます。さまざまなタイプのものがありますが、ノーマルタイプがおすすめ。メンソールは清涼感がありとてもサッパリするので、夏の暑い日に使用するのはよいですが、連続して使うと肌に刺激を与えてしまうので、普段はノーマルタイプを使いましょう。

対策 3 抗菌作用のある洗濯用洗剤を使う

雨の日に洗濯物を部屋干しすると、生乾きの不快なニオイを発して、もう一度洗い直したことはありませんか。あれは衣類に付着した汗や皮脂が洗剤で落ち切っていないがゆえに菌が繁殖し発生するニオイなんですね。雨の日もそうでない日も、普段から**「抗菌作用」と書かれた洗濯用洗剤を使うようにすると、同じように汗で下着や服が湿ってもニオイが抑えられます。**

対策4 デオドラントアイテムを活用する

ズバリ**「男性の体臭対策」を謳《うた》うボディーソープなどを活用しましょう。**アイテムの選び方にもポイントがあります。私の友人が30代で加齢臭に悩み出し、加齢臭に効果があるとされる石鹸で体を洗うようにしたものの、あまり効果が見られずに「騙《だま》された」と憤慨していました。しかしこれは製品選びの単純なミス。年齢で考えてみると、彼が気になり出したニオイというのは加齢臭ではなくミドル脂臭なのです。先にお話ししたように、男性は年代によって体臭が変化します。**ミドル脂臭と加齢臭ではニオイの元となる物質が異なりますから、対策もまったく別物です。**パッケージに書かれているニオイの種類や、イメージモデルの年代でその対象者がわかりますので、参考にしてください。

対策 5 食生活を見直して体質改善

改めて指摘しておきたいのは、皮膚とは医学的には「排泄器官」であるということです。お酒を飲んだ次の日に、汗からお酒っぽいニオイがしたこと、ありますよね。体内に入れたものは、腸を通じてお尻から出るだけでなく、皮膚からも排泄されるんです。だから根本的な改善をする場合は皮膚の外側をケアすることに加えて、体の内側を整えることが必要になります。

そこで意識して摂取したいのが「クエン酸」と「オルニチン」。**クエン酸は酢の物やレモン、梅干しなど、**すっぱいものに多く含まれています。今日はなんだかすっぱいものが食べたいなと感じたら、よほど体がクエン酸を欲している証拠です。**オルニチンはしじみなどの貝類やエノキダケ、マグロなど**に多く含まれています。体臭につながる要素のひとつに「汗に含まれる乳酸」がありますが、オルニチンは汗に含まれる乳酸の量を減らす作用があります。

あまり知られていないのですが、ヒトの細胞はわずか3か月でほぼ全身そっくり入れ替わります。表皮は約1か月、小腸粘膜の細胞は約24時間で入れ替わるなど部位によって代謝のリズムは異なりますが、体全体で見てもたったの3か月です。つまり栄養バランスを意識した食生活を3か月続ければ、以前とは別人の体になります。不摂生は何らかの形で必ず体の表に出てきます。強いニオイを発しない、ニオイの元となる物質が生じにくくなる健康な体づくりに努めましょう。

汗かきのタイプ別、デオドラント製品の選び方

日頃から制汗スプレーなどのデオドラント製品をお使いですか。かいた汗を放置するのは、食事の後に歯磨きをしないのと同じことですから、ぜひケアを習慣づけていきましょう。

まず知識として知っておきたいのは、汗を出す元となる汗腺のこと。2種類ある汗腺のうち、ほぼ全身に分布する「エクリン腺」は体温を調節する役割があり、その成分のほとんどが水である汗を分泌させます。

汗ばんだ手を嗅いだら臭かった、ということはまずありませんよね。なぜなら手の汗はエクリン腺から出るからです。わずかに塩分やアンモニアが含まれる程度で、ほとんど臭いません。

一方、耳やワキの下、性器のあたりに分布する「アポクリン腺」から出る汗は臭います。タンパク質や糖質、脂質にアンモニア、鉄分などが多く含まれて、強めのニオイを発します。むしろ動物としての進化の過程において、ニオイを発するために発達したと考えられています。このようにエクリン腺の汗はかいた直後に拭き取ればよいのですが、アポクリン腺の汗はあらかじめ対策が必要です。アポクリン腺がどこにあるかを念頭に置いて、汗の対策をしていきましょう。

さて、世の中にはたくさんのデオドラント製品がありますが、きちんと自分の汗かき体質を見極めて、体に合ったものを使う必要があります。そうでないと効果が見られないどころか、かえって逆効果になるものもあります。

そこで、ご自身の体質を判断できる簡単な方法をお教えしましょう。

今から綿棒や指で、軽く耳垢を取ってみてください。その耳垢、どんな状態ですか。取れた耳垢によって体質が「かさかさ」「しっとり」「キャラメル状」の3タイプに分類できます。耳垢が乾いているのが「かさかさ」タイプ、やや湿っているのが「しっとり」タイプ、色も粘度もキャラメルっぽいのが「キャラメル状」タイプです。

タイプ別デオドラントアイテムの選び方

耳垢のタイプ	形状タイプ	成分
カサカサ 乾いている	拭き取りシート or スプレー	植物性の 防臭成分配合
湿っている	拭き取りシート and スプレー	比較的マイルドな 抗菌剤フェノール 配合
キャラメル状	拭き取りシート＋ ロールオン(直塗り) orクリーム	殺菌作用が強い 塩化 ベンザルコニウム 配合

まずは「かさかさ」タイプ。この手の方はアポクリン腺の量が少なめ。汗をかいたら**デオドラントシートでさっと拭き取る、スプレーを吹きかける、**といった簡単な対策で十分です。製品の成分表を見て、植物性の物質が配合されているものがいいですね。できるだけ肌にやさしいものが望ましいです。

次に「しっとり」タイプ。この手の方はアポクリン腺の量が多め。同じく拭き取りシートやスプレータイプを使うとよいのですが、成分表を見て**「フェノール」が配合されているものを選びましょう。**フェノールは植物性よりも抗菌力が強く、汗のニオイを抑えてくれる成分です。

最後に「キャラメル状」タイプ。ワキガや体臭が強めの方が該当します。この手の方はさっと吹きかけるスプレータイプではなく、ニオイの発生ポイントに**直接塗りこめるロールオンタイプやクリームタイプを使いましょう。**ニオイを抑える成分が肌にしっかり密着し、効果が出やすいはずです。中でも抗菌力が強い成分の**「塩化ベンザルコニウム」が配合されているものがおすすめ。**

なお、デオドラント製品選びにおいては、大は小を兼ねるという考え方は間違いです。もしも「かさかさ」タイプの人が「成分が強いものなら確実だろう」と早とちりして殺菌力が強いものを使ってしまうと肌が荒れてしまいます。皮膚の表面にはニオイの元となる物質以外にもさまざまなものが存在しており、中には皮膚の健康を保つために存在する大切な菌もあります。その人にとって必要以上に殺菌力が強いものだと、肌荒れが起きたり、かえってニオイが強くなってしまう可能性があります。ぜひ体質に合った製品を適切に選び、使用してください。

ケア必須！意外と気づかれる顔と頭のニオイ

皮脂腺分布図

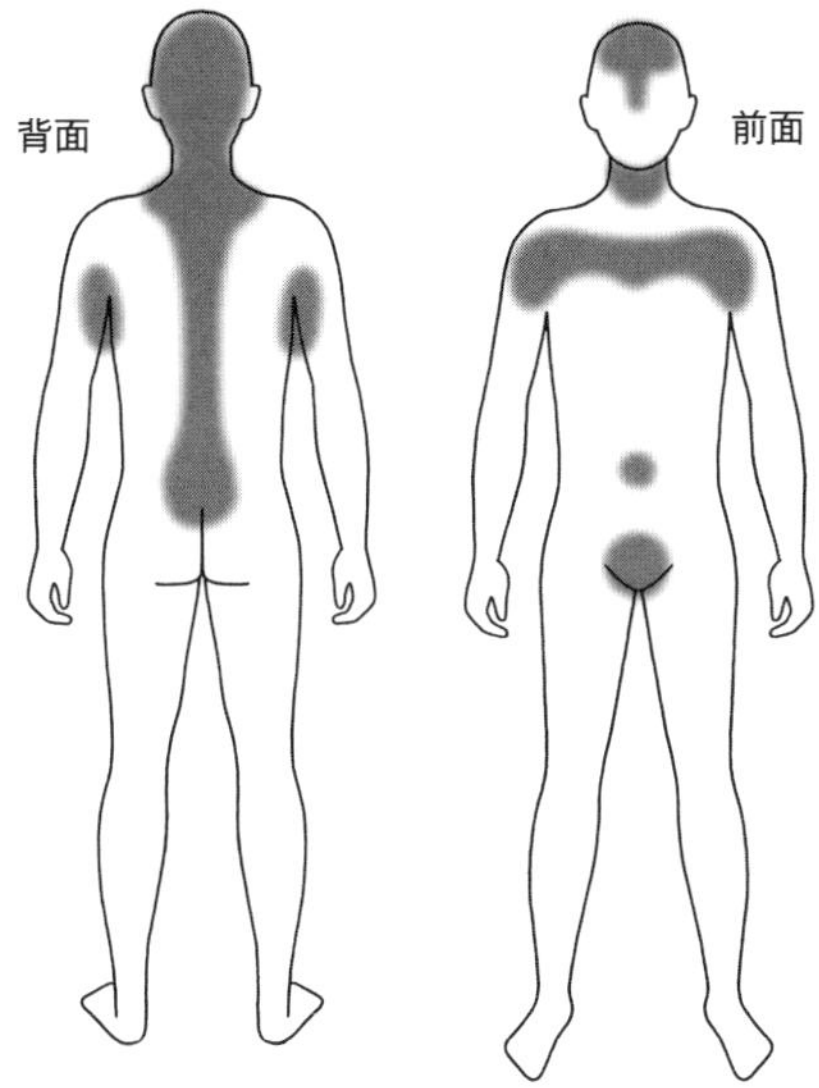

汗腺の他に、皮脂腺というものがあります。これには皮脂を分泌して汗と一緒に肌の潤いを保ってくれる働きがありますが、お伝えしたように体臭の要因でもあります。その皮脂がより出やすい部分を表現した図が、上の皮脂腺分布図です。

この図からわかるのは、頭や顔、胸、背中に皮脂腺が分布しているということ。つまり**体臭の大半は上半身から発せられる**ことが理解できます。その中でも特に皮脂腺が集中しているのが首より上。そう、顔と頭ですね。

あまりイメージがないかもしれま

せんが、顔や頭から皮脂のニオイが一番出るんです。しかも厄介なことに、顔や頭は、衣服を着ている他の部位と違って、丸裸の状態にあります。頭についてはなんとか帽子でごまかせるかもしれませんが、スーツでお仕事をする場合はムリ。顔についてはもう隠しようがありません。皮脂のべとつきを感じたら、フェイスシートで顔をきちんと拭って、ニオイの元を絶ちましょう。

もちろん頭も同じです。頭が臭ってしまうのは、間違った洗髪の仕方をしていることが原因として考えられます。「正しい頭の洗い方」については、後ほど第3章でくわしくお話ししますね。

ビタミンAとEでニオイレスの体へ

皮脂が酸化すると加齢臭が放たれる、とお伝えしましたが、活性酸素が発生しやすい体内環境は、皮脂も酸化しやすく体臭が強くなる原因となります。

人間は息をして酸素を取りこみ、エネルギーを生み出して、新しい細胞を作り出し、新陳代謝をくり返し生命を維持します。そしてその課程において老化原因物質の一つである活性酸素が一定量生まれます。つまり生きていく上で体が酸化していくことを避けては通れないわけですが、生きるということは同時に死に向かっているとも言えます。

かつてマラソン選手は短命とされていた時期がありました。彼らは激しい有酸素運動をくり返すことで一般の人よりもたくさん酸素を体内に取りこんで、酸化＝老化を早めている、というのが理由でした。

そこで、科学の力で酸化に抗う方法をお伝えします。

それはビタミンAやビタミンEを摂取すること。どちらも「抗酸化物質」と呼ばれ、文字通り体内の酸化に抗う効果があります。同じ抗酸化物質であるビタミンCは水溶性ですが、AやEは脂溶性。つまり皮脂を含む、体内の脂に溶けこんで酸化を抑制してくれるのです。ミドル脂臭も加齢臭も、どちらも皮脂が関係している点は先述の通りですから、**ビタミンAやビタミンEを摂取することは体臭を抑えることにつながります。**

ビタミンAを多く含む食品は、たとえばレバーやうなぎ。ビタミンEは、たとえばアーモンドやアボカドです。緑黄色野菜を摂るのもいいでしょう。バランスのよい食生活を心がけつつ、ビタミンAやEの摂取を意識してみてください。体の内側からニオイレスのボディを作り上げましょう。

冷たい飲み物で手を冷やすと汗が引きやすい

汗をケアするための方法やタイプ別の対策製品は先ほどお伝えしましたが、ここで裏技をひとつ。そもそもの汗の量を抑えるテクニックをお教えします。

その方法とは、汗をかき始めたらすぐに**冷たい飲み物が入ったグラスを両手で包むように握ること。**

体の中でも末端に位置する手は、言わばクルマに搭載されているラジエーター（液体や気体の熱を放出する装置）のようなもの。脳が「冷えてきたな」と判断すれば、体温が落ち着いてきて、だんだん発汗が抑えられていきます。

外の気温が上がったり、運動をして体温が上がったり、風邪を引いて発熱すると汗をかきます。汗をかくのはヒトが体温を一定に保つために必要な働きですから、決して悪いことではなく、自律神経が正常に働いている証拠です。

ただ、夏場に大量の汗をかいてしまって、肌着がぐしょぐしょになってしまうのは気分的にはツラいもの。クール・ビズとはいえジャケットを羽織る場面もあるでしょうから、いよいよ汗から逃れる術はありませんよね。

うちわで扇ぐ、扇風機に当たる、エアコンの風を浴びるなど、汗を引かせる方法にもいろいろありますが、試しに自動販売機で缶ジュースやペットボトルの水を買って、手に持ってみてください。きっと効果を実感できるはずです。

靴はコーヒー一杯分の汗を1日で吸う

足から出る汗はエクリン腺に由来するものですから、臭うものではありません。ただ、足はたくさんの汗をかきます。緊張すると手が汗ばむように、足もまた精神的なものが作用しがちで、少なくとも**一日で200ccの汗をかきます。**ちょうどコーヒー一杯分くらいですから、靴の中にコーヒーをドボドボと注ぐイメージをしてみると、いかに汗が多量であるかがわかるかと思います。

そして最初はあまり臭わないものの、靴を履いているために通気性が悪く、菌が繁殖して臭気を発生させます。革靴などは特に顕著です。

そこで靴の中で「菌を繁殖させない環境づくり」をすることが、足のニオイを抑える基本的な考え方。お風呂で指の股までしっかり洗う、菌の温床になる爪を伸ばしたままにしないのは前提として、次の４つを実践してみてください。

1 脱いだ靴を風で乾かす

一日履き続けた靴は、風通しのいいところで休ませ、乾かしてから履くようにしてください。汗を吸った生乾きの状態でくり返し履いてしまうと、どんどん菌が繁殖して臭くなるからです。くり返しますが、一日にかく汗の量は、足だけでコーヒー一杯分です。

2 靴を脱いだ後に抗菌処理する

菌の繁殖を防ぐために、一日の汗で湿った靴は、直射日光の当たらない風通しのいい場所に置くのが一番よいのですが、それが面倒な場合は、**脱ぎ終わった直後の靴に抗菌作用のあるスプレーを吹き付ける**のも一手です。特にスプレーは水分を吸うパウダーを含んでいるものが多く、汗の乾きも早くなります。履き終えた靴はとにかく乾かしてあげるのが鉄則。衛生的にもシューズボックスには除湿剤を置くとよいでしょう。

3 同じ靴を毎日履かない

自分の重い体を終日支えてくれた靴ですから、帰宅後は靴自体もくたくたになっています。**ビジネスシューズは最低3足をローテーションさせる**ようにして、一足につき中2日で休ませてあげましょう。その間、汗も自然に乾き、靴も長持ちします。

4 ニオイ対策用の靴下を履く

世の中は便利なもので、ない商品を探す方が難しいほど。足のニオイ対策のために開発された靴下まで存在します。靴の中の菌が繁殖しないよう、靴下がブロックしてくれるイメージです。気になる方は、こちらも併用すると安心ですね。

ところで、そもそも靴や靴下を何とかする前に、足そのものが臭い場合もあるかもしれません。

足の裏には凹凸があり、きちんと洗っても汚れや垢はなかなか取れないものです。爪の脇の溝に入りこんでしまうと、すべて落とし切るのは難しいでしょう。結果、菌が繁殖して水虫にもなり得ます。

水虫になったら病院で治療するのが一番早いのですが、忙しくて病院に通う時間が惜しいという方は木酢液《もくさくえき》で足湯をするとよいでしょう。木酢液はネットでも入手でき、ドラッグストアやホームセンターでも販売されています。木酢液に含まれる酢酸は殺菌力が強く、水虫に効果があると言われています。

使い方としてはまず、木酢を5~10倍に薄めた40℃くらいのぬるま湯をバケツやボウルに入れてください。そこにしばらく足を浸けておき、皮が剥けてくるまで放置するだけ。ガサガサの足もツルツルになります。

とはいえ民間療法ですし、皮膚の弱い方は炎症を起こす場合がありますので、あくまで自己責任の元、通院できない場合のプランBとして覚えておいてください。

夏の救世主、その名はステテコ

スーツの章でロングホーズの靴下をおすすめしました。スーツの裏地が汗でべたっと張りつく不快感が、長い靴下のおかげで軽減されるというお話でした。

ロングホーズは膝から下の部分で効果を発揮しますが、夏場は太ももにも汗をかきます。太ももに汗をかいたまま電車の座席に座った時を想像してみてください。これまたスーツの裏地が張りついて不快感がありませんか。

そこで救世主となるのが、ステテコです。

もしかして「ステテコなんて暑い」と思いませんでしたか。スーツの下で暑さが倍増するのではと、疑問に思われたかもしれません。

たしかにステテコは、どちらかといえば寝間着や部屋着として、それ単体で着るイメージです。ステテコ自体は涼しくとも、何かの下に履くのは、特に夏場は不向きではないかと思われるのも理解できます。

ただ、最近はインナーとして、スーツの下に履けるスリムタイプのステテコが販売されています。かさばらず、そしてロングホーズのように**汗を吸ってくれますので不快感が緩和されます。**涼感タイプのものなら、なおよいですね。

スーツとステテコ。意外な組み合わせですが、ぜひ一度試してみてください。

お座敷に上がる前のトイレチャンス

接待や会社の飲み会で、お座敷に上がる時があると思います。足のニオイが気になる人にとって、これは大ピンチ。日中に汗をかき、菌が繁殖した足が靴から飛び出るその瞬間、これから始まる大切な宴をニオイが台無しにしかねません。「自分でも臭い」と自虐的に笑いを取れれば上級者ですが、臭いものは臭いのです。苦手な人は苦手です。

こうした悲劇に陥らないために、そんな日には**交換用の靴下と消臭スプレーをバッグにしのばせておきたいもの。**そして宴の直前に、トイレでささっと取り替える。有事に備えるのがデキる男というものです。

そう、トイレタイムはチャンスタイムでもあります。日中、誰しもトイレに行くかと思いますが、男性も一度は個室に入ることをおすすめします。

男性が個室に入るのは、もちろん用を足す目的もありますが、疲れた頭をリフレッシュしたい時、少しの間ひとりになりたい時などさまざまあるはずです。職場でずっと張りつめているのは精神的にも負担がかかりますから、適度な息抜きの場として、個室を休憩所として機能させている人も少なくないでしょう。

その際、私からの提案として、**個室にいる間は靴を脱いで**もらえればと思います。靴を履き続けていると湿気がたまって蒸れてきます。その蒸れが足のニオイに直結します。ですからほんのわずかな時間でも靴を脱ぎ、こっそり空気に触れさせてあげてください。するとしないとではずいぶん違ってくるはずです。

これで「突然のお座敷」というピンチはしのげるでしょうか。最も効果的なのは「今日の飲み会はお座敷かどうか」を事前に幹事に確認することですけどね。

気にならない！　気にしたくない！
お口のニオイ対策

乳児はほとんど歯磨きをする必要がないと言われています。もちろん習慣づけとして行うママさんもおられますが、口内ケアの観点で言うならば歯磨きをしてもしなくても、それほど大差はありません。なぜなら乳児は唾液の分泌量が多く、**唾液には殺菌力があるからです。**

ところが**成人したあたりから、口内の唾液量は減少していきます。**個人差もあるでしょうが、20代も半ばになれば「起きた直後は口の中が気持ち悪い」と感じるようになります。子供の頃には見られなかった現象ですが、如実に唾液量が減って、寝ている間に口の中が渇くようになるからです。

そうした口の渇きを放置するのはもちろん、明らかなケア不足は口臭の原因になります。口臭はとてもデリケートな問題で、ニオイを指摘してくれる人は滅多にいないもの。自分自身、誰かに対して指摘するのは憚《はばか》られますよね。しかも自分の口臭がどれほどのものかを判断しづらいことも手伝って、もしかしたら口臭が強いのではと疑心暗鬼になって、自信を持って対面できない人も少なくありません。

でも、**口臭はきちんとケアをすれば防げます。**正しいケアを続ければ、過度に恐れることはありません。私のおすすめアイテムを参考にしながら、お口の中を清潔にしていきましょう。

【歯ブラシ】

歯磨きにかけるべき時間は3分が目安とされていますが、3分も磨き続けるのはちょっと長いですよね。だんだんと億劫になってしまうのも仕方のないことだと思います。

そこで私が提案したいのは超音波系の電動歯ブラシ。そもそも**電動歯ブラシは高速モーターで駆動するため、人間の手でシャカシャカ磨くよりも何十倍の効果があります。**たとえばマイカーを自分の手で磨く場合と、電動の洗車機を使う場合を比べてみてください。完了するまでの時間がまったく異なりますよね。時間がかからず効率的に磨ける電動歯ブラシを採用しない手はありません。

中でも超音波系は波動で汚れを落とすところが画期的。スイッチを入れた状態で水を入れたコップに浸けてみると、波動の広がりがよくわかります。一般的な歯ブラシでは物理的に届かなかった死角にも届くため、圧倒的に磨き残しが減るはずです。

歯間ブラシ

歯と歯の間や、歯と歯茎の間には思った以上に隙間があります。一日飲み食いすると食べかすが相当つまって、歯ブラシでは取り切れないことがよくわかります。しかも口内に残った食べかすは間もなく腐敗し、強いニオイの元になります。それらを除去するには歯間ブラシが役に立ちます。

「すきっ歯だからそもそも食べかすがつまらないと過信している人でも、ぜひ一度試してみてください。そしてニオイを嗅いでみてください。きっと「このままじゃいけない」とショックを受けると思いますよ。

ただし歯間ブラシのやりすぎは歯茎を傷める可能性がありますから、夜に一度使うくらいで十分です。私は金属製の歯間ブラシだと出血したり歯を傷めることがあるので、いつもゴム製のものを愛用しています。

マウスウォッシュ

歯磨きをして、歯間ブラシも使ったら、最後にマウスウォッシュで口をゆすぐとさらに効果的。きれいに磨き終えた歯を上からコーティングされている感じがあって、とても快適です。実際、歯石除去のために通っている歯医者さんで「歯がきれいですね」と褒められるようになり、除去にかかる時間も3分の1以下になりました。

最近人気があるのは**「L8020菌」が入ったマウスウォッシュ**。L8020菌は虫歯のない健康的な子供の口腔内から取り出した乳酸菌で、虫歯菌や歯周病菌の繁殖を防ぐ効果があるとされています。口臭予防と虫歯予防のためにも、L8020菌入りのマウスウォッシュで口内環境を整えましょう。

個人的にはノンアルコールの低刺激タイプを愛用しています。マウスウォッシュは効果がある分、中には刺激が強くて口の中がピリピリするものもありますので、自分に合うものを探してみましょう。

ドロップ

歯磨きする時以外の口臭ケアとして、私が最近ハマっているのがドロップ。それもお菓子のドロップではなく、**口内を殺菌する効果のあるメディカルドロップです。**私は普段からポーチにしのばせています。

というのも外出先で歯磨きできる環境があればよいのですが、そうもいかない場合もあり、人と対面する直前の緊急策としてドロップをひとつ舐めています。（対面時には舐め終えるよう時間を逆算しながら）

唾液の分泌につながる清涼タブレットを口にするのも悪くないのですが、どちらかといえばタブレットのいい匂いで口臭をマスキングする、言わば口臭隠しみたいなもの。根本ケアとしてはやはり殺菌効果のあるドロップをおすすめします。リンゴ味なんかもあって、けっこう美味しいですよ。

緑茶

もうひとつ、緊急時に役立つのが緑茶。緑茶に含まれているポリフェノールには殺菌効果があるため、とっさの時の口臭予防に便利です。

緑茶のパッケージに「カテキン」の文字を見かけると思いますが、あれもポリフェノールの一種。カテキンは緑茶の渋みのことであり、すなわち濃い緑茶ほど含まれるカテキンの量は多くなります。**口臭予防目的であれば高濃度カテキンの緑茶を口に含むとよいでしょう。**

メディカルドロップを忘れ、駆けこんだコンビニで見当たらない時でも、緑茶ならまず間違いなく販売されているはずです。取引先に会う前に緑茶で口を潤しておく、そういう細部の気遣いがビジネスの成果につながるかもしれませんね。

買う前に知っておきたいフレグランスのマナーと種類

私、山川アンクのＹｏｕＴｕｂｅチャンネルの中で最も視聴回数が多いのが、フレグランス（香水）に関する解説動画。男性のみなさんが強い関心を寄せてくださるのですが、私のスタンスは一貫して**「ビジネスシーンでのフレグランス（香水）使用はＮＧ」**です。

というのも、職場はいろんな価値観の方が入り混じるところです。営業先や商談の場ではなおさらでしょう。フレグランスというのは一般的にはいい匂いとされているものでも、人によっては不快に感じることがあります。どれだけ評判のいい香りでも、それが「鼻につく」人はどうしてもいるものです。要するに、好みには個人差があるんですよね。

とはいえ、使い方やＴＰＯさえ間違えなければ、フレグランスも有効に働きます。たとえばビジネスを離れて大切なパートナーとお出かけする際に、彼女の好きな香りを身にまとうのは粋な使い方。

というわけで、フレグランスについて今からお話しすることは、あくまでビジネスシーンではなくプライベートやアフター５で使用することを前提にしていただければと思います。

まずは上手なつけ方について。

フレグランスは揮発性のあるものなので、香りは下から上に上がります。**お腹の前あた**

りで手に持って、前方に広がる空間に1~2プッシュして吹き出してください。自分の体ではなく体の下前方に吹き付けます。そこに生まれたスプレーの霧の中をすっと通って、また戻る「香りの霧をまとう」イメージです。こうするとフレグランスの粒子が下半身にまんべんなく付着し、アルコールの揮発に角がなくなり、香りがふわりとやさしくなります。「霧を全身にまとう」のが上手な付け方なんですね。

また、その際は必ず裸になってください。衣服ではなく肌に直接つけることで、体温で揮発速度が変わり、香りの微妙な変化に個人差が生まれます。さらに体臭となじんで初めて「その人らしい香り」になります。服の上から吹きかけると染みの元にもなりますから、**フレグランスは必ず肌につけるものと覚えましょう。**

また、手首に吹きかけ、こすり合わせて耳の後ろをなぞるようにつけている方も多いようですが、フレグランスは紫外線に弱いため、太陽の光を浴びると化学変化を起こし劣化を早めます。髪の短い男性が耳の後ろにつけたり、半袖の季節に手首につけるのは、おすすめしません。陽が完全に落ちた夜ならその限りではありませんが、基本的には「服の下から醸し出す」くらいの意識で十分でしょう。嫌味なく、ほのかに香るくらいが上品です。

なお、常用しているフレグランスの香りに慣れてくると、だんだんと嗅覚が麻痺してきます。「これでは弱い」と感じて、どんどん使う量が増え、香りが強いことに自覚できなくなっていきます。**使用時はあくまで1～2プッシュに留める**ことを意識してください。

次にフレグランスの種類について。

フレグランスは大きく4種類に分けられます。パルファン（英語でパフューム）、オードパルファン、オードトワレ、オーデコロンの4つです。「香水」とはこのうち最初のパルファンのことです。

これらの違いは賦香率《ふこうりつ》にあります。つまり香りの成分がどのくらい含まれているか、そのパーセンテージによって細かく分類されているわけです。たとえばパルファンの賦香率は15～30%です。（その他はアルコール等で構成されています）

この賦香率が高ければ高いほど、香りの持続時間も長くなります。最も賦香率の高いパルファンで約5～7時間。最も低いオーデコロンで約1～2時間です。

フレグランスは数種類の香りの組み合わせで成り立っており、持続している間でも、香りは時とともに変化します。付けてから**30分ほど続く香りはトップノート**といい、比較的軽い成分から香ります。そしてその30分後の**2～4時間はミドルノート**、それ以降の**消え**

るまで残る香りはラストノートと呼ばれています。新しいフレグランスの作品は、パフューマー（調香師）によって生み出されます。数千種と言われる香りの成分の選定と絶妙な配合は、まさに芸術家であり職人の技。香りのストーリーを描くよう計算されているんですね。

フレグランスは香りの成分配合率によって種類が異なる。時間とともに変化する。こうした知識をフレグランス選びの参考にしてみてください。

私選！好感度が上がるおすすめの香り

とはいえ、どんな香りをまとえばいいのか迷う方もおられると思います。

日本は欧米に比べて湿度が高く、空気中に多くの水分が含まれています。端的に言えば、空気が重い国。そんな重い空気にディープな印象のフレグランスの香りが混ざると、気分も重く感じられます。ですから湿度の高いこの国では、**できるだけ軽めのさわやかな香りをまとうのがよいでしょう。**

そこで私なりのおすすめをお教えします。フレグランス選びで迷ったら、この二種類を店員さんに出してもらい、その中から選ぶとほぼ失敗はありません。

1 シトラス系

柑橘系のさわやかな香りです。女性にも人気で、キャンドルにも使われていますよね。フレッシュで若々しく、清潔感を感じさせる香りです。

2 マリン系

マリンは、海のマリンです。水や空気をイメージさせて、みずみずしく軽やかな印象があります。こちらも空気の重い日本では男女ともにウケのいい香りです。

日本における香りの文化は古くからあり、平安時代の貴族や武士は髪や衣類に香りをつける「移香」を楽しみ、目には見えない美意識としてたしなんでいました。私たち日本人は、フレグランスはニオイをごまかす手段ではなく「装うもの」とし、大人のたしなみとして上手に使いたいものですね。

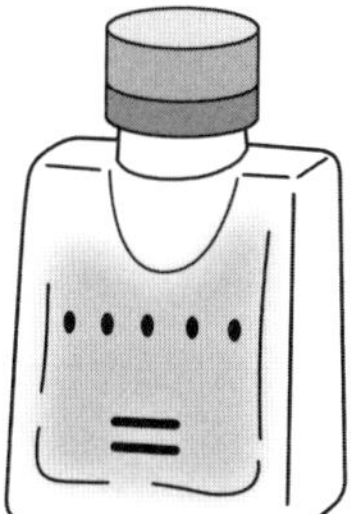

第3章

一瞬で変身！スカルプ＆ヘアスタイル改造計画

初対面の第一印象は髪

初対面の人と会った時の第一印象として重視するポイントは、肌に次いで「髪」。小学館が運営する女性インサイト研究所で女性２７１人を対象とした、アンケート結果です。人の印象をポジティブにもネガティブにも変えてしまうもの、髪型もその一つと言えるでしょう。

顔はその人の看板であり、**顔を構成する要素のうち視覚的に大きな部分を占めるのは髪型**ですから、とても納得のいく回答です。

たとえば初対面の相手が女性だとして、その人が艶のある黒髪のロングヘアなら清純、ボーイッシュなショートヘアなら活発と、ステレオタイプなイメージを持ちやすいものです。（実際そうであるかは別として）そうした傾向は男性にも言えて、髪型ひとつで「どんな感じの人であるか」を瞬時にラベリングされます。

たとえば一見、イケメン風に見えて、よくよくお顔のパーツを見てみたら「髪型がイケメンなだけだった」というパターンだってあります。（失礼）それくらい髪が与える第一印象というのは強く、攻略次第では一瞬でイメージを変えられるパーツでもあります。

また、人が物事を瞬時に判断する時は、直感がものを言うことは無視できない事実です。漫画『ドラゴンボール』に相手の戦闘力を測る「スカウター」なるメガネ型のツールが登場しますが、もしかすると一般社会でも相手の戦闘力（＝ビジネス力）が数値で表されるようになるかもしれません。それでも、実際の「印象」から受ける感覚で、相手の持つ価値観やセンスを測ることに、変わりはないでしょう。

そこで本章では、異性を惹きつける目的よりも「仕事ができそうに思われるか」「信頼できそうか」「頼もしさを感じさせるか」を重視して、「自分にはどんな髪型が似合うのか」を診断する方法や、ヘアケアとして覚えておきたい正しいシャンプーの仕方、薄毛対策、白髪に対する考え方などを紹介します。

輪郭別、似合う髪型の判断方法

その髪型が「似合う」「似合わない」を判断する基準のひとつに、顔の輪郭があります。

アフロやモヒカンといった特徴的な髪型で個性を出すのはまた別の話として、ここで**お伝**

えしたいのは美しいバランスの取れた「黄金比のスタイル」のこと。その比率は「縦3：横2」です。

美的感覚というのはバランス感覚とニア・イコールです。均整が取れているものを、人は美しいと感じます。つまり髪型においては、**元ある顔の輪郭の特徴を知った上で、バランスを取ることが大切になります。**

まずは自分の顔の輪郭タイプを知りましょう。輪郭は大別すると「丸顔」「ベース型」「面長」「三角顔」「たまご型」に分類できます。鏡で顔を見て、自分の輪郭がどれにあてはまるかをチェックしてください。これらの形を意識しながら、髪型込みで顔を正面から見た時に**「縦3：横2の比率になっている」かつ、「ひし形のバランスが取れている」ことが、似合っているかどうかの決め手**になります。

丸顔

丸顔の輪郭は縦横の比率が1：1の正方形に近い、真四角を思わせる形です。そこで横2に対して縦3に近づけるため、**髪型で高さを出すとよい**でしょう。耳のあたりの**サイドをすっきりさせて縦の線を強調すると**、黄金比に近づきバランスのいいひし形になりま

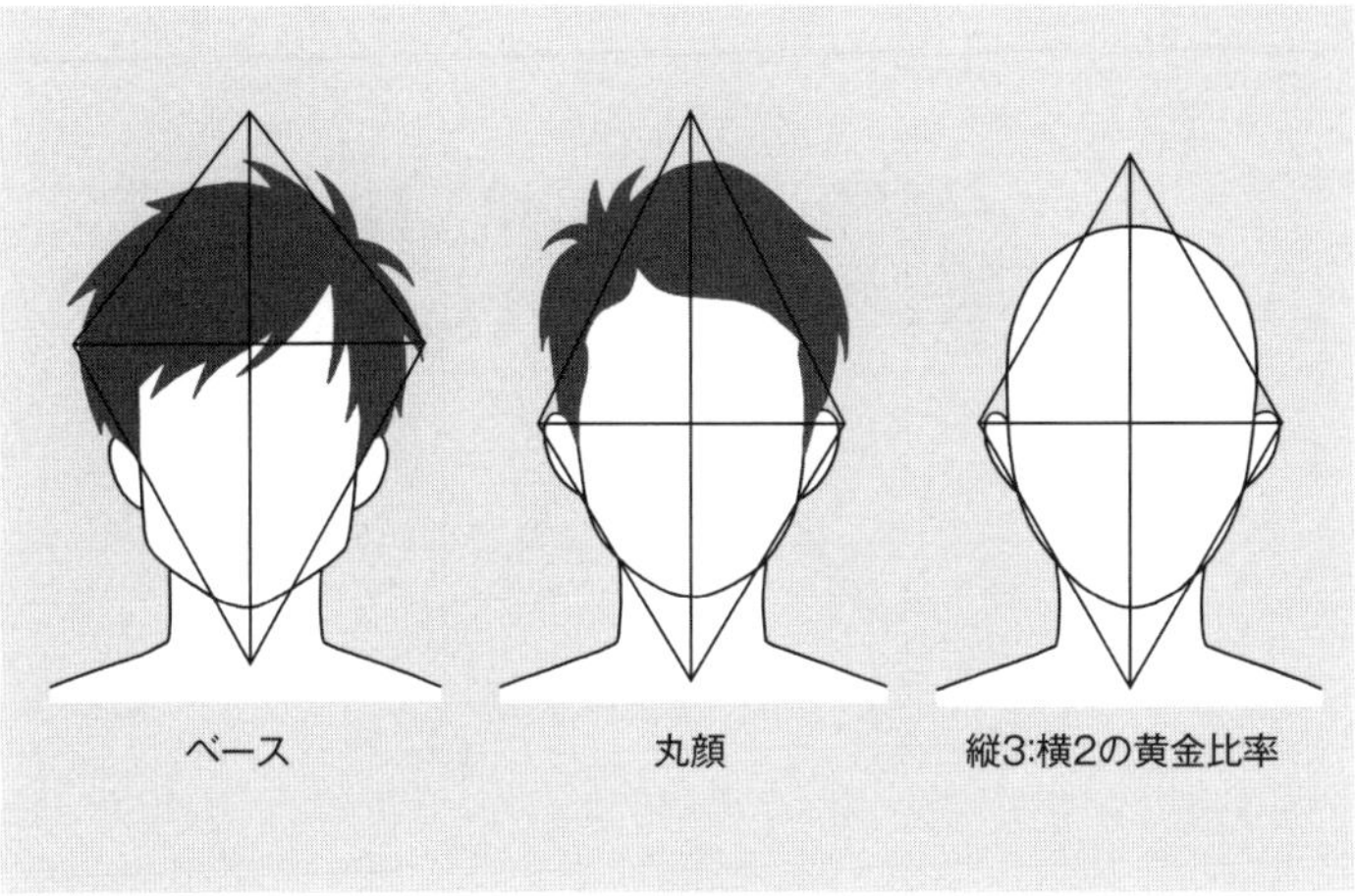

す。

ベース型

ベース型の輪郭はエラの印象が強いために、視線を顔の下に寄せられがち。そこで黄金比は守りつつ、**ひし形の横軸を上にずらし、視線を上部に持っていきます。具体的には、髪の生え際と眉の中間のやや上あたりにボリュームを持たせて、**視線を上部に持っていきます。襟足があると視線ポイントができてしまい、エラが強調されますから、すっきりとカットしておきましょう。

面長

面長の輪郭は縦に長い印象です。そこで縦の

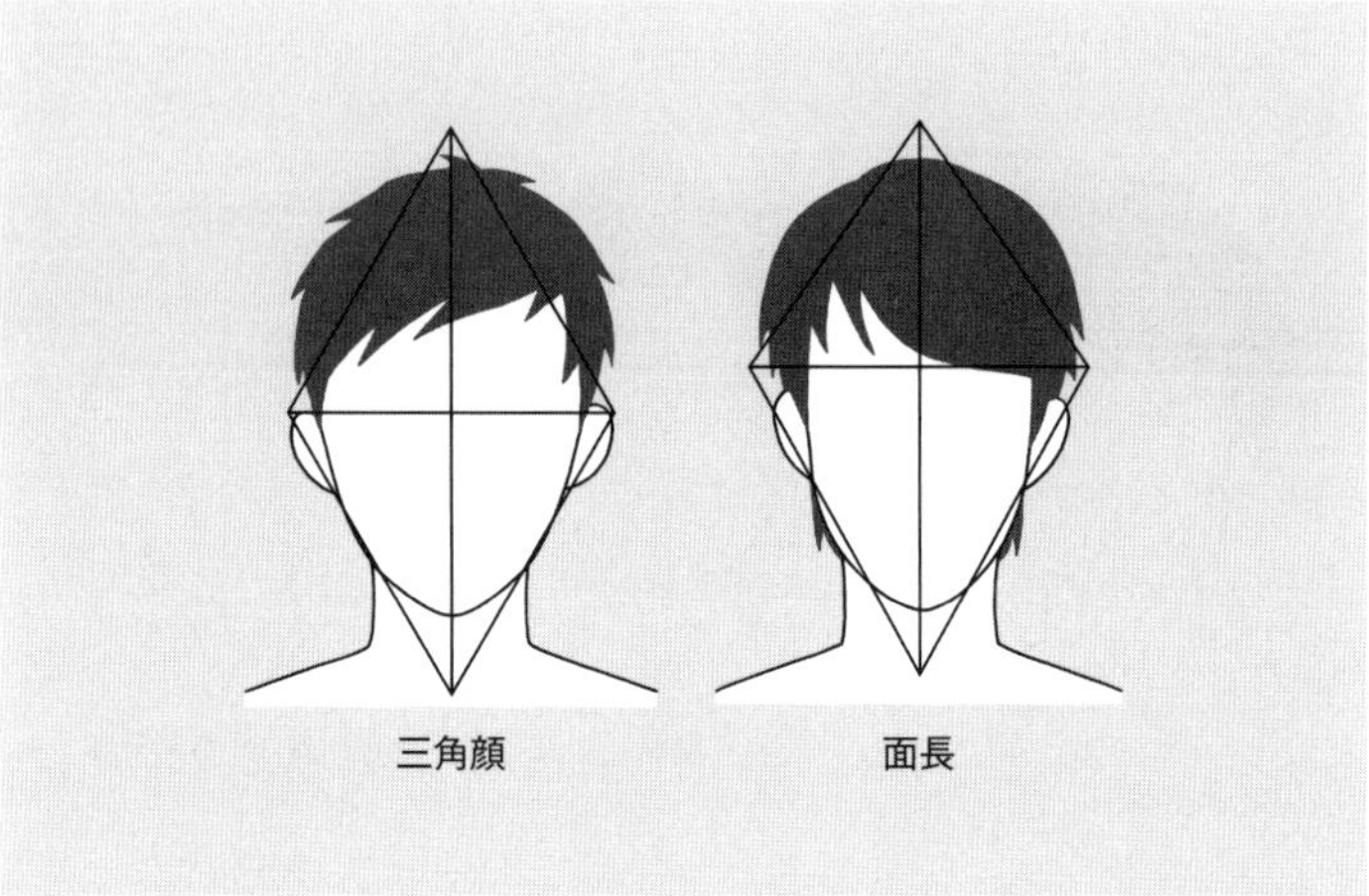

線を打ち消すために、**トップボリュームは抑えながらサイドは残して、横の線を出すよう意識しましょう。**また、おでこが出ていると縦のラインが強調されてしまうため、**前髪を下ろした髪型**がよいでしょう。サイドもすっきりさせすぎない方がいいですね。

三角顔

三角顔の輪郭はシャープなアゴとのギャップで、頭のボリュームに目が行きがち。いわゆる「ハチ張り」と呼ばれる形です。髪に個性を持たせすぎると、頭部の存在感が強く出すぎてしまいますので、**髪のボリュームを全体的に落として、さっぱりとした髪型**にしましょう。

たまご顔

たまご型の輪郭は最もバランスが取れています。基本、どんな髪型でも似合います。**黄金比を目安に整え、**後述するヘアケアをするとさらによいでしょう。

以上が輪郭別のアドバイスになります。理髪店や美容院に行かれる際は「自分の輪郭」を理解した上で、どんな髪型にしたいかを相談しましょう。ヘアカタログからも選びやすくなると思います。

もちろん理容師さん、美容師さんはプロですからそれなりにしてくれますが、彼らが一番困るのが「おまかせ」。お客様一人一人の好みや希望の傾向を熟知し、高い技術を持った方なら問題ないかもしれませんが、切った髪はすぐに元に戻せません。ある程度の希望を伝えた上で相談し、最上の髪型を決定するのが双方のベスト。そのためにも、ウエストサイズを測った上でパンツを選ぶように、髪や輪郭についても自分のスペックを知っておくとよいですね。

気軽にできる！ プロによる頭皮の定期的なメンテナンス

年齢を重ねても、ずっと豊かな髪でいたい。そう思っているのでしたら、**ヘアサロンで定期的にスカルプケア**をしましょう。

理髪店なら、髪を切るのと合わせてシェービングもされることでしょう。そこでもうひとつ、ぜひスカルプケア（頭皮ケア）をお願いしてみてください。せっかく髪をすっきりさせるのですから、合わせて**普段のシャンプーでは落とし切れない頭皮の汚れや脂詰まりをプロの手で洗浄してもらえる絶好のチャンスです。**

毛根というのは頭皮から4～6ミリ深いところに位置していて、けっこう根深いものです。つまり毛根まできれいに汚れを落とそうとしてもなかなか届かず、古い皮脂が残りやすいのです。**「髪を洗っても臭い」「自分の枕が臭う」という方は、結局のところ頭部の汚れが残っていることが原因として考えられます。**

こうした頭皮の脂詰まりは抜け毛の原因になり、ゆくゆくは薄毛につながります。しかし裏を返せば、きちんとケアをすれば薄毛の進行を遅らせることができます。プロによる定期的な頭皮のメンテナンスが、頭部の健康と若々しさを維持してくれるんですね。

スカルプケアが提供メニューにあるかどうか、行きつけのお店で一度尋ねてみてください。きっと相談に乗ってもらえるはずです。

未来を左右する正しいシャンプーの方法

今、どんなシャンプーを使っていますか。いやその前に、ちゃんと正しく洗えていますか。これを機に、シャンプーを使った正しい洗髪方法をおさらいしておきましょう。しっかり洗髪できると、抜け毛の量が今後大きく変わってきますよ。

1 洗う前にブラッシング

シャンプーで洗う前に、まずはコーム（ヘアブラシ）で髪をときます。ワックスやジェルなどの整髪剤を使っていると、夜になる頃にはそれらが劣化し、目には見えない空気中のホコリなどがたっぷりと付着し、固まりとなって、シャンプーでは落ちにくくなります。**ブラッシングでその固まりをバラバラに解いて、落ちやすくしましょう。**

また、頭皮にも目に見えないホコリや垢、古い角片《かくへん》（フケ）が存在しています。ブラッシングをすると、それらが少し浮き上がって、シャンプーで落ちやすくなります。ささーっと軽くでけっこうですから、まずはシャンプー前のブラッシングを心がけてください。何事も下ごしらえが大事です。

2 ぬるま湯で素洗い

これも下ごしらえのひとつ。シャンプーを付ける前に、**ぬるま湯で簡単に髪を流しましょう。**髪に付着したホコリなどを先に流し落とすと、この後のシャンプーで落とせるものが増えます。**シャンプーの力を最大化するために**も、水で落とせるものは先に落としてしまいましょう。

3 シャンプーを泡立てる

一定量のシャンプーを手に取って、そのまま髪になでつけている方はいませんか。そのやり方では、せっかくのシャンプーも効果は半減。後述します洗顔にも言えることですが、**シャンプーは泡立てるのが基本。**理由は単純、泡を頭に乗せた方が、洗浄力が高まるからです。

シャンプーを泡立てて、よりきめ細かくすると、毛穴の中に微粒子の泡が入りやすくなります。その泡が汚れを吸着して、毛穴から浮かび上がらせるんですね。当然、**大きい泡より小さい泡の方が効率的に吸い上げてくれます。**掃除機のノズルを細いものに替えて、タンスのすき間までホコリを取り切るイメージに近いでしょうか。

ここで注意すべきは、強い力でゴシゴシするのではなく、指の腹を使ってやさしく洗うこと。ゴシゴシするとたしかに汚れが落ちるように感じるのですが、あまり頭皮にやさしいとは言えません。泡の付いた手で螺旋《らせん》を描くようにやさしく洗うのが理想的です。

4 マッサージを兼ねて螺旋状に

泡立てたシャンプーを付けたら、まずは耳上の生え際、額の生え際、頭頂部、襟足へと進んでください。サイドから上、前から上を通って後ろに洗い落としていくイメージですね。

その際、両手の動きは血流を上げるように螺旋を描くイメージでマッサージすることを意識しましょう。頭頂部は、渦を描くように。洗い残しが減ると同時に、マッサージを兼ねて血行をよくすることができるからです。

お風呂に入っているときは体が温まっていますから、血のめぐりがよくなって、マッサージ効果を高められる絶好の機会。髪を洗いつつ、頭皮の血行をよくして毛根に酸素と栄養を送りこみ、毛髪が健やかに育つよう促してみてください。

5 2回洗う

普段、整髪剤を付けている方はシャンプーを使った洗髪を2回行ってください。大事なことなのでもう一度言いますが、髪は2回洗いましょう。

ワックスなどの整髪剤は残留しやすいもので、それらを1回の洗髪ですべて落とすことができればよいのですが、そうは問屋が卸しません。最近の整髪料は高機能で髪型が崩れにくく、逆に考えると落ちにくくなっています。

そこで、こう割り切ってしまいましょう。洗髪1回目は表面的な髪の汚れを取る。そして2回目は頭皮の汚れを取る。この**「2段階洗髪」の習慣が将来の髪の量を左右するのです。**

6 しっかりすすぐ

せっかくシャンプーで洗えても、しっかりすすげていない人が少なくありません。**流し方があまいと洗浄成分が頭皮に残ったままになり、抜け毛の原因になります。**

理容店や美容院で髪を洗ってもらう時、すすぎの時間がとても長いと思いませんか。それに比べて自分で行う洗髪は、すすぎの時間が極端に短いのではないでしょうか。髪のプロは、すすぎが大切であることを学んで知っています。**シャンプーは「すすぎが命」**と言っても過言ではありません。目安の時間は3分。ご自身で毎日のシャンプーをする際も、すすぎを軽んじないようにしましょう。

この際ハッキリさせたい、いいシャンプーの選び方

髪を正しく洗えて、いいシャンプーを使えば鬼に金棒。でも結局のところ、どんなシャンプーがいいのでしょう。そんな疑問にお答えします。

私のおすすめはズバリ「アミノ酸系」が主体のものです。

肌はタンパク質でできているのですが、さらに分解するとアミノ酸で構成されていることがわかります。つまりアミノ酸系の洗浄成分は、突きつめれば肌を構成する物質に近いもの。だから肌にやさしく、頭皮を傷めずに洗髪することができます。

そのシャンプーがアミノ酸系かどうかを見分ける方法としては、まずはパッケージの表面に「アミノ酸」の文字を探すこと。もしもなければ裏面の成分表を見て「ココイルグルタミン酸」や「ライウロイルグルタミン酸」と書かれていれば、同じくアミノ酸系です。成分表は配合率が高い物質の順に記載されていますから、これらの名前が初めの方に書かれているシャンプーを選ぶとよいでしょう。

良質なシャンプーは、コンディショナーがいらなくなるほど。仮に髪を濡らして素髪《すがみ》の状態で指を滑らすと、きしきしと引っかかりがありますよね。あれはキューティクルが松ぼっくりみたいに開いて、油膜が取れてしまっているのです。その状態のまま乾かすとパサつきますが、良質なシャンプーを使うと、髪を乾かした時に開いたキューティクルがきちんと閉じてきしみません。

ロングヘアであれば話は別ですが、短髪の男性ならばコンディショナーをなくしても、そのぶん質の高いシャンプーを日常的に使った方が、長期的な頭皮のケアを考えると賢明と言えます。

そうそう、メンソール系のシャンプーはここだけの話、ニオイを苦手に感じる女性が多いです。爽快感もあって気持ちいいのはたしかですが、メンソールが皮脂と混ざると頭皮からオジサマ調のノスタルジックなニオイを放ちますのでご注意を。

知っておくと結果に差が出る養毛剤・育毛剤・発毛剤の違い

薄毛には遺伝的要素が少なからずあります。ですから残念ながら、毛が抜ける人は遅かれ早かれ抜けます。

でも、**進行を遅らせることはできます。**仮に何もケアをせずに40歳で薄毛になるのと、きちんとケアして遅らせて60歳に薄毛になるのとでは、受けとめる気持ちがまったく違ってくるはずです。

薄毛対策として何が有効なのかを知るために、まずは混同しがちな「養毛剤」「育毛剤」「発毛剤」の違いを把握していきましょう。

養毛剤　今ある髪をキープしたい人

養毛剤は髪が傷むのを予防するものです。髪をダメージから守り、髪の健康を維持する目的で使います。

ターゲットは、**今ある髪を大事にしたい人。**まだまだ抜け毛が少なく髪も十分にあるけれど、今後のことが心配な人。今は大丈夫でも次のステップに進むのをできるだけ遅らせたく、適度な水分と脂分を与えて現状維持を望む人向けです。

たとえるなら畑で十分に育っている作物に、上質な栄養分を与えて生命力を維持する、といったところでしょうか。

育毛剤　抜け毛を防ぎたい人

育毛剤は頭皮環境を整えるものです。血行をよくするなど、髪の毛が生え続ける環境をバックアップする目的で使います。

ターゲットは、**最近抜け毛が気になる人。**このペースで抜け毛が進行したら髪が薄くなるかもしれないなあと、心配になり始めた人向けです。

ここは強調しておかなければならないのですが、育毛剤に発毛効果はありません。育毛剤が直接作用して、積極的に発毛を促す効果はありません。あくまで発毛しようとする力を引き出すための環境づくりに貢献します。

養毛剤に対し、育毛剤はよい作物を今後も育て続けるために畑を積極的にメンテナンスする、といえるでしょう。

発毛剤　発毛をうながしたい人

発毛剤は毛母細胞を活性化して、お休み状態にある毛穴からふたたび発毛を促す効果があります。実際に髪を生やす効果があると公式に認められているもので、別名「発毛促進剤」。厚生労働省が認可している医薬品です。

ターゲットはもちろん、**髪を生やしたい人。**

効果のほどには個人差がありますから、できれば半年から一年間、少なくとも3か月は使い続けてみてください。

現状、日本で唯一、発毛剤として発毛効果が認められているのは「リアップ」のみ（2017年1月）。もともとは血管拡張を目的として開発された「ミノキシジル」という成分が発毛をうながすことがわかり、発毛剤に転用された経緯があります。

ちなみにリアップは頭皮に塗る外用タイプですが、海外には内服タイプの発毛剤もあり、個人的に輸入して服用している人もいます。ただし日本人の体質に合わせた臨床試験を経たものではありませんので、使用に際して生じる副作用などは自己責任となりますのでご注意ください。

また薄毛に関しては、現在では医療機関で治療を受けられるようになりました。まだまだ費用はある程度かかりますが、試してみる価値はあるのではないでしょうか。

抜け毛を防いでくれる食べ物

髪は頭皮から生えるもの。それを考えると表面的なケアだけでなく、やはり体の内側からのアプローチも大切なことです。

育毛によいとされる栄養素や食べ物はさまざまありますが、私は特に大豆食品をおすすめします。大豆に含まれる「イソフラボン」は女性ホルモン様物質と言われ、男性ホルモンの活性を抑える作用があります。また抗酸化作用のある「サポニン」や細胞膜を作るのに重要な「レシチン」といった栄養素が含まれており、まさに抜け毛予防には欠かせない食品です。

これらの栄養素をしっかり頭皮に届けるために、血流をよくする食物も一緒に食べると効果的。その代表として唐辛子やショウガを大豆食品に合わせてみるのもよいですね。

もちろん髪を生やそうと躍起になって、食べすぎるのはよくありません。栄養がかたよってしまい、それだと本末転倒になってしまいますからね。

お味噌汁の具材は豆腐を選ぶ、うどんやそばには油揚げなど、ほんの少し意識するだけで一日の大豆摂取量が変わってきます。無理に合わせなくても、献立の中にそれぞれが含まれていれば十分です。毎日の食事の中で大豆食品＋唐辛子やショウガを意識する、その積み重ねの差が5年後10年後に表れてきます。

知らないうちに蓄積している薄毛の原因

抜け毛の原因のひとつに紫外線があります。あまり意識されたことはないかもしれませんが、頭皮に悪影響をおよぼす、れっきとした敵です。

今、東京タワーの展望台から地上を歩く人たちを見下ろしたとしたら、どのように見えるでしょうか。そう、ほとんど頭頂部のみで、黒い点が動いているように見えますよね。

太陽からの視点も同じです。**太陽光が降り注ぐのは、主に人の頭頂部。その紫外線量は顔が受けるそれよりも3倍多い**と言われています。

紫外線の影響を和らげようと日焼け止めクリームを塗る意識はみなさんありますが、頭皮だって同じ肌。むしろ顔の何倍ものダメージを受けている頭皮こそケアしなければ、紫外線によって肌組織が強烈なダメージを受け、最終的には抜け毛につながってしまいます。

実は、抜け毛が一番多い季節は秋です。というのも3月頃から夏場にかけて増え続ける紫外線が頭皮にじわりじわりとダメージを与え、それが蓄積されて、秋頃から抜け毛という形で影響が出始めるからです。

日中働いている男性のうち、通勤時や外回りの際に帽子をかぶる方は少数派。紫外線から頭皮を守るという意味で、帽子はファッション以前に実用的なアイテムなのですが、現代社会ではスーツ姿でかぶる男性はすっかりいなくなりました。「蒸れてハゲるから」というのは長時間かぶり続けているからで、むしろ外出時には紫外線から守るためにかぶった方が抜け毛対策としては効果的です。しかし今の時代、スーツ姿に帽子をかぶるのはなかなか難しいものがあります。

そこでご紹介したいのが、**シュッと吹きかけるだけで頭皮を紫外線から守ってくれるUVスプレー**。手軽に使える優れものです。

他にも最近ではメンズ日傘など、直射日光を避けられるアイテムも発売され始めています。これひとつで暑さを感じるレベルが大きく変わるので一度使用すると手放せなくなる人が多いんだとか。スーツ姿で使用しても全く違和感がないデザインが多く、ジワジワと人気が出ているようです。ひと昔前なら「男が日傘⁉」と思われそうですが、温暖化の進む厳しい暑さの中で徐々に受け入れられるようになってきているのかもしれません。

「攻め」の育毛剤や発毛剤に頼るのは最後の手段として、まずは自分ができる「守り」の「紫外線ブロック」を心がけましょう。

薄毛率20パーセントになったらベリーショートに

とはいえ薄毛になってしまった場合や、現在すでに薄毛が気になっている場合、他に何

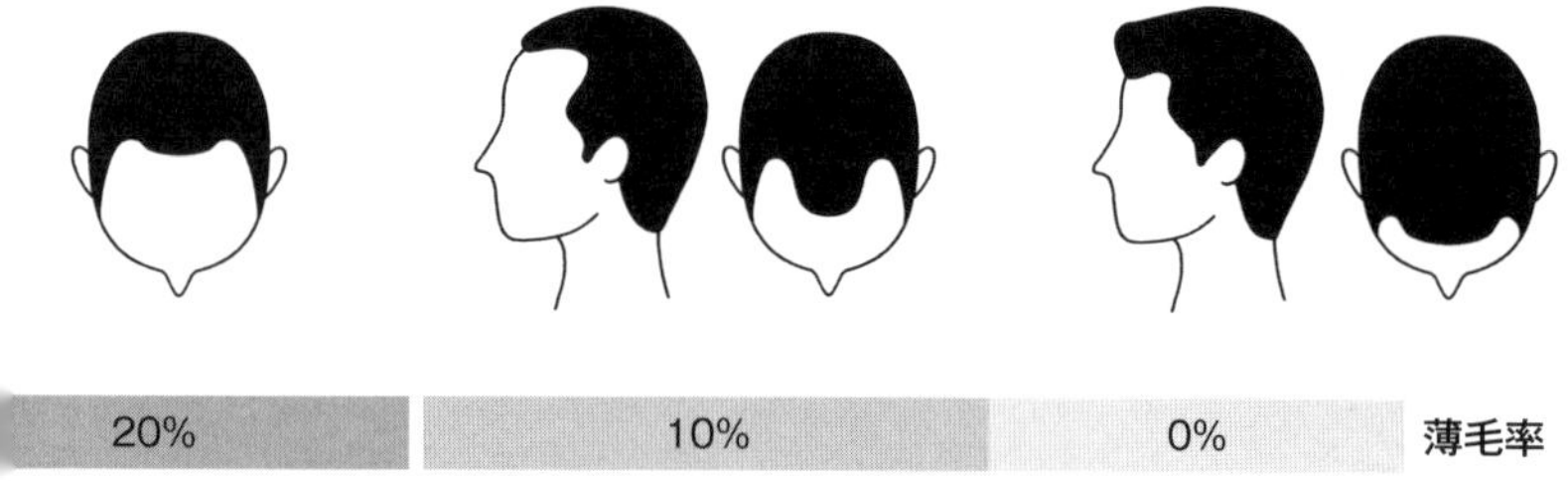

ができるでしょうか。それは、髪型をベリーショートにすることです。

髪が抜け始めたとはいえ、まだ残っている部分は残っています。長く伸ばしているところもあるでしょう。しかしそのままでは、薄毛の部分が強調されてしまいます。毛量の多い部分と少ない部分の差が大きくなると、おのずと薄毛の部分に目が行ってしまうもの。まわりからの「そろそろキテますね」という目が気になってしまうこともあるでしょう。

そこで、生えている部分と薄い部分の毛量の差を小さくします。髪の量全体を減らすことで、髪があるところと薄いところのギャップを縮めて、薄毛部分を目立たなくするのです。

ベリーショートに踏み切るかどうかの目安は、薄毛率が20%を越えてから。このくらいから徐々に、そして如実に薄毛が目立ち始めますから、むしろポジティブに受けとめて、新しい髪型にチャレンジしましょう。

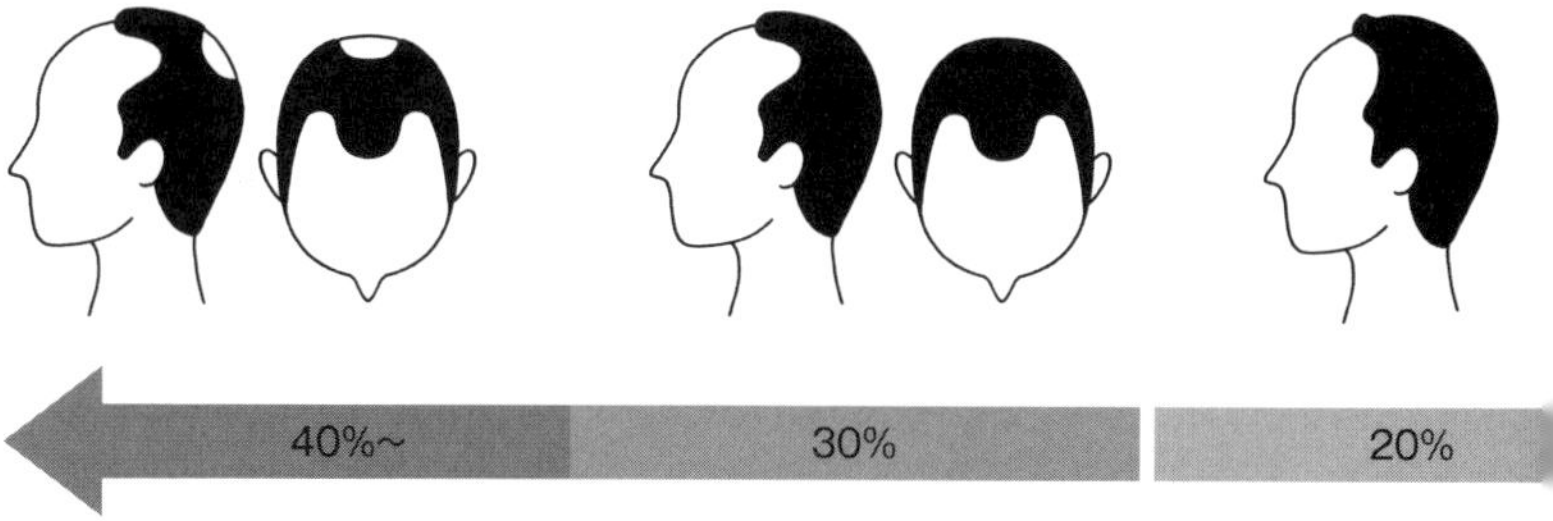

とても参考になるのは、竹中直人さんや所ジョージさん。お二人とも、薄毛の印象がさほどありませんよね。でもお顔をよく見てみれば、額も広め。けっして髪の量が豊富であるとは言えません。それでもベリーショートのおかげで、うまく薄毛の印象を弱められています。

海外の著名人にも目を向けると、ブルース・ウィリスやジュード・ロウ、ジャン・レノやダニエル・クレイグあたりもベリーショートをうまく取り入れて、目立ちがちな薄毛の印象を見事に払拭しています。もちろん欧米人特有の彫りが深いお顔のおかげもありますが、やはり髪型のチョイスが絶妙です。

ここでお話しした男性はみなさんそれぞれ個々の魅力があります。ベリーショートはその人が持つ本来の魅力がクローズアップされる髪型なのです。もし薄毛を気にされていたら、思い切ってさわやかなベリーショートにして、自信を持ってあなた自身の魅力を外に出していきましょう。私はそんな男性が素敵だと思います。

白髪の簡単セルフカラーリング

白髪が目立ち始めたら、髪を黒くする方法があります。いわゆる白髪のカラーリングですが、ここでは手軽に自分で染められる「カラートリートメント」を紹介します。

使い方は簡単。**お風呂に入ってシャンプーで髪を洗った後、コンディショナー感覚で髪に塗るだけ。**言わば色付きトリートメントです。

とはいえ、一気に黒くなるものではありません。少しずつ、根気よく染めていくタイプのものです。しっかり染めたい場合は、最初の2~3回は洗った髪をきちんと乾かしてから付けて、また流してください。その後は染まった髪をキープするのに、入浴時にコンディショナー感覚で使うだけです。しかし、放置すると退色してしまうので、自分でやるには手間に思われる方もいるかもしれません。

一気に黒く染めたいのなら、サロンに行くのがてっとり早いです。白髪染めには2つのタイプがあり、先ほどの色素を髪の上からつける「マニキュア」タイプと、毛髪の内部に色素を入れる「毛染め」タイプがあります。ヘアマニキュアは頭皮を傷めにくくマイルドですが、全体的に色が落ちやすい側面があります。「毛染め」は色持ちがよく、染め直しも髪の根元のみでよいことがほとんどですが、頭皮がデリケートな場合はトラブルを起こすこともあります。白髪に真剣に悩まれているのなら、一度サロンで相談してみましょう。

ここまでカラーリングについてお話ししましたが、私はむしろ中途半端に白髪を隠すくらいなら、白髪を活かして格好よく「魅せる」のもアリではないかと思っています。吉川晃司さんなんて、見事に髪全体が美しいシルバーヘアですよね。実際、どこまでが本当の白髪なのかわかりませんが、おそらく自前の白髪を活かしつつ、きれいに仕立てているはずです。

最近では、シルバーヘアを美しく見せる毛染めや「シルバーワックス」なる便利な整髪剤もあり、髪全体をシルバーにできるおしゃれアイテムとして、今とても流行っています。ワックスに関しては職場でどこまで許されるかは慎重に判断しなくてはいけませんが、白髪の多さが気になるのであれば、思いきって個性ととらえシルバーヘアにチャレンジするのもアリだと私は思います。

白髪を一律に否定せず、それを肯定する方法を考えてみる。そうしたポジティブな受けとめ方も素敵ですね。

第4章

これが正解！
シェービングで
スベスベ肌改造計画

ほとんどの肌荒れ原因はシェービングという事実

社内外の男性と接する際に、つい身だしなみをチェックしてしまうパーツはどこでしょうか。

パナソニック株式会社が20〜30代の男性ビジネスパーソン500人にアンケートを取ってみると、唯一過半数を超えた回答があったのが「ヒゲ」。正確にはヒゲの形状そのものよりも、ヒゲのまわりの「剃り残し」や「剃り跡（青ヒゲ）」「カミソリ負け（傷や肌の赤み、荒れ）」がないかどうかを見られているようです。

このアンケートは男性を対象としていますが、女性の立場でもよくわかります。女性と男性の身長差からすると、女性の視線の先にまず目に飛びこむのが男性のアゴまわり。そのヒゲがどれほどおしゃれであるかどうかよりも、ヒゲのまわりの肌がきちんと整えられているか、剃り残しがないかどうかを瞬時にチェックされてしまうようです。たしかに肌が荒れ、血が噴き出していたりすると、痛々しく不健康に見え、どこか頼りない感じがしますよね。

ヒゲの周囲に肌荒れがあるとすれば、その原因のほとんどはシェービングです。正しいやり方でシェービングができていないから、肌荒れにつながってしまうのです。

ヒゲの量に関わらず、ほとんどの男性は毎日ヒゲ剃りをされると思いますが、**このヒゲを剃るという行為は、たとえて言うなら木の表面をカンナで削るようなもの。**ヒゲの根元だけをスパッと切れればよいのですが、残念ながら実際は、肌の表面を同時に削っていて、しかもそれが毎日くり返される。

肌の構造として、一番上の角質層を含む表皮があり、その下に真皮があります。表皮の薄さは約0・1ミリ。紙一枚分くらいですね。ここがめくれても血は出ません。（擦りむいて赤くなっても出血しないことがありますよね）

その表皮の中でも最上部にある角層はさらに薄くて約0・01ミリ。食品用ラップくらいですね。この角質層が水分を保ち、肌の潤いとなめらかさを保ってくれるのですが、間違ったヒゲ剃りはここを必要以上に削ってしまい、それを毎日続けているとカミソリの刃がその下の真皮に達して毛細血管が切れて血が噴き出ます。

そうならないために**「正しいシェービング方法」を実践すること。**

これまで生きてきた中で、正しいシェービングの仕方を誰かに教わった経験がない方がほとんどだと思います。でも、もう大丈夫。ここで、美しく剃り上がり肌がつるつるになる、正しいシェービングの基礎知識を学んでいきましょう。

今さら聞けない T字カミソリの正しい使い方

T字カミソリには3枚刃や4枚刃などさまざまな種類がありますが、できれば**刃の数が多いものを選びましょう。**T字カミソリは肌に圧力をかけ、ヒゲの根元に刃先を当てることで深く剃れますが、力が強すぎると角質層まで深く削ってしまい、長期間それが続くと真皮に達して、やがて毛細血管を傷つけてしまいます。刃の数が多いと圧力がうまく分散されて、肌に負担がかかりにくくなるからです。

そんな**T字カミソリのよいところは、深く剃れて、爽快感があり、細かくコントロールできる点。**剃りたいところをすべて剃れると気持ちいいですよね。

剃り方の基本は肌表面をなるべく広げるように表情を動かし、静止状態で顔の上から下へ、**ヒゲの流れに沿って「順剃り」をします。**逆方向だと刃先が毛穴に深く入りすぎて、肌を傷めてしまいます。

そして、できれば**ワンストロークで一気に剃れるようにしてください。**無理ならせいぜいツーストローク。同じ箇所を何度も剃るのは、やはり肌荒れの原因になります。

そこでワンストロークで剃るために、泡やジェルなどのシェービング剤を併用しましょう。ヒゲの毛先は通常、寝た状態になっていて、一度に剃るのは難しいのですが、泡やジェルでヒゲを立たせれば根元からワンストロークで一網打尽にできます。

また、刃先を定期的に新しい物に交換して、切れ味をよくしておきましょう。**ヒゲの硬さは銅線並み**と言われていますから、思っている以上にすぐに刃先が傷んでしまいがちです。

上から下に「順剃り」する

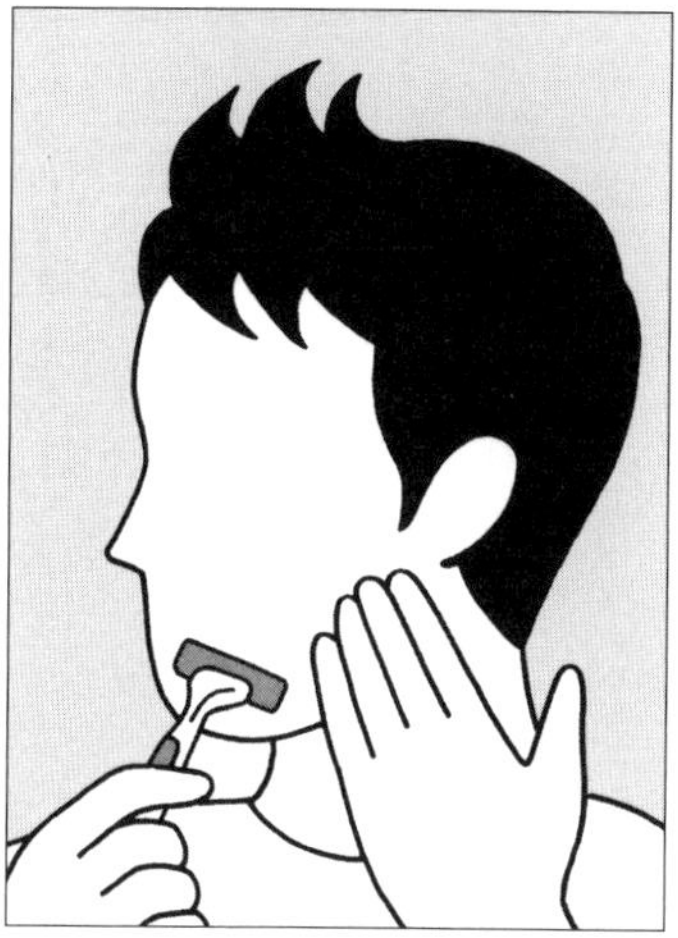

交換の頻度の目安は一週間に一回程度が理想的。「そんなに頻繁に替えるの!?」と思われるかもしれませんが、男性のヒゲは平均して、肌面積1㎠あたり120本と言われています。数千〜数万本もの銅線を、薄い刃で7

日間切る作業を想像してみてください。刃がもろくなってしまうのはおわかりいただけるのではないでしょうか。メーカーが販売している替え刃が4枚または5枚セットになっているかと思いますが、あれは一か月で使い切る量を想定しています。

ちなみに使い終わった**T字カミソリをお風呂場に置きっぱなしにするのは絶対にダメ**ですよ。脱衣所もおすすめしません。湿度の高いところに放置しておくと目に見えない雑菌が刃に付着して、肌の細かい傷に入りこんでしまうからです。雑菌が入った肌は化膿しやすくなります。

というわけで「シェービング剤」と「新鮮な刃」のコンビを常に用意して、肌荒れを防ぎましょう。

電気シェーバーの選び方と肌荒れ防止テクニック

電気シェーバーも肌表面をなるべく広げるように表情を動かし、静止状態で剃りますが、剃り方はT字カミソリとは違い、**顔の下から上へヒゲの流れに逆らうように「逆剃り」します**。そしてやはり**ワンストロークで剃ることを意識**しましょう。ゴリゴリとこすりつけると肌に負担がかかり、せっかくいいものを使っても、肌には凶器になってしまいます。

また、シェービング剤を使い、刃の新鮮さを保つのは電気シェーバーも同じ。

スイッチをオンにするだけで手軽にヒゲ剃りができる便利なアイテムですが、意外にもシェービング剤を使わない人が少なくありません。**電気シェーバー用の泡やジェルが販売されていますので、きちんと活用しましょう。**寝ているヒゲを立たせ、銅線並みに硬いヒゲを柔らかくして、肌に負担をかけずに剃れるはずですから。

そして、内刃と外刃を定期的に交換しましょう。製品にもよりますが、**内刃はだいたい一年に一回、外刃はだいたい2〜3年に一度程度**で大丈夫です。購入時に説明書をチェックしておくとよいですね。定期的な洗浄も大切ですので、できれば殺菌効果のある洗浄剤で水洗いしましょう。特に外刃は皮脂が付着しますので、ずっと放置しておくと臭うようになり不衛生です。道具は正しく使うことで本領を発揮します。面倒でも、手入れをしっ

下から上に「逆剃り」する

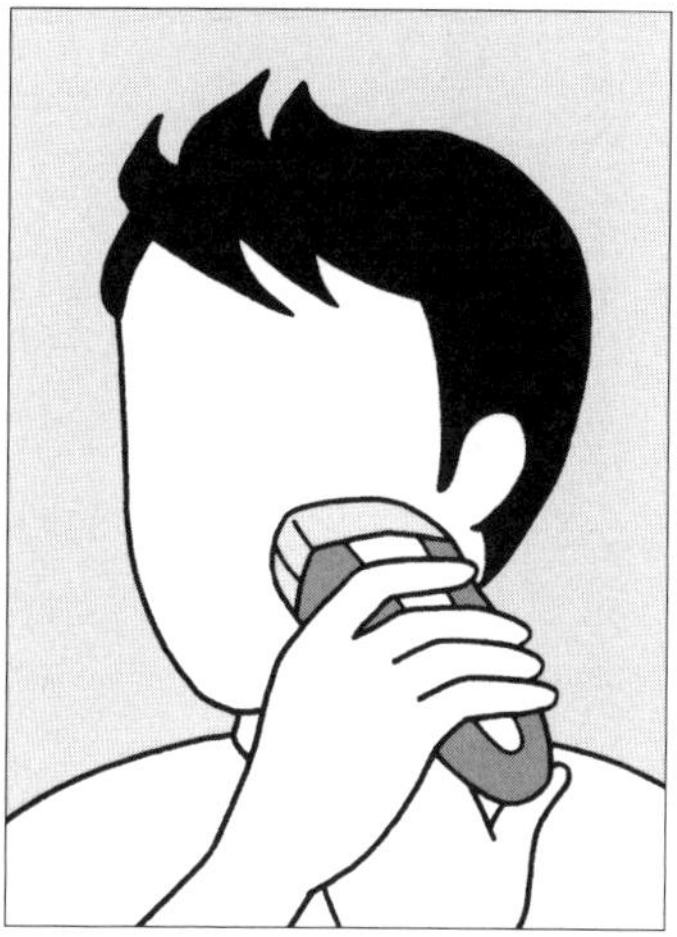

かりすることで自分の肌も変わっていくはずです。

さて、そんな電気シェーバーには「往復式」「回転式」「ロータリー式」の3種類があります。それぞれ特徴が異なりますので、自分に合うものを見つけ出しましょう。

往復式　深く剃れる

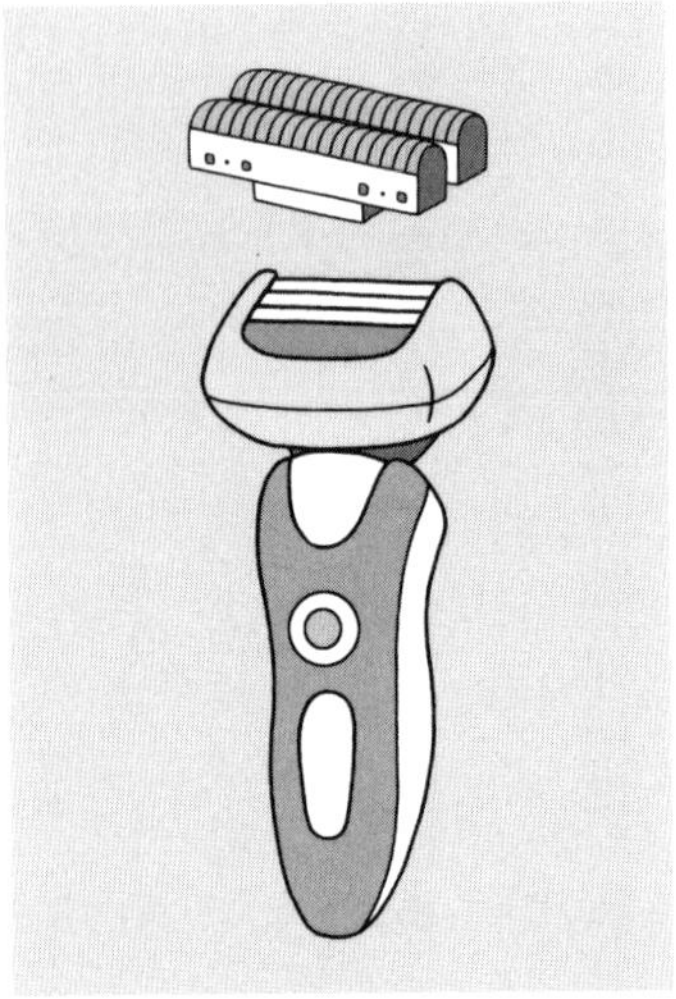

往復式シェーバーはヒゲが濃い人、硬い人におすすめです。より深く剃れることを目指して作られていますので、いつも剃るのに時間がかかる人は往復式を試してみましょう。

ただし剃り味が強い分、不適切な使い方をすると肌荒れの原因になります。メーカーの取扱説明書をよく読んで、肌に当てる角度や動かし方を間違わないようにしましょう。

最近は肌を傷めないように、剃る箇所やヒゲの状態に合わせて力を加減してくれるセンサー付きのハイテクな商品も登場しています。

【回転式】マイルドに剃れる

回転式シェーバーは肌がデリケートな人におすすめ。肌に当たる面積が広く、マイルドに剃れるよう設計されています。

その分、たとえばヒゲの流れが複雑な部分は、正しい使い方をしないと剃り残しが出てしまいます。特にアゴ裏は（女性の視線が行きやすいにも関わらず）、剃り残してしまいがち。これも説明書を読んで使用法をきちんと確認し、完璧に仕上げましょう。

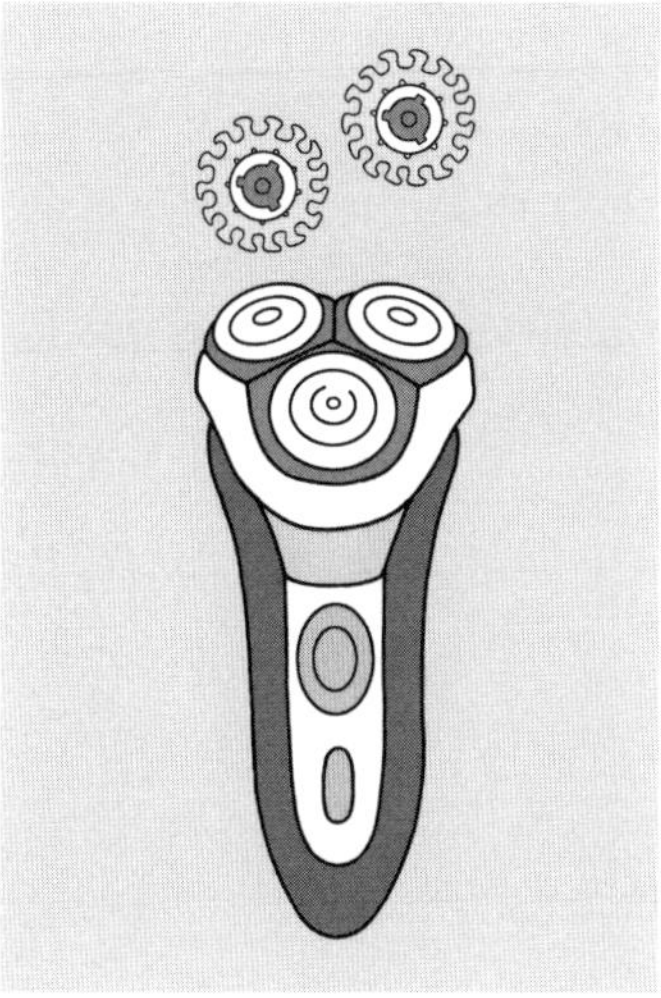

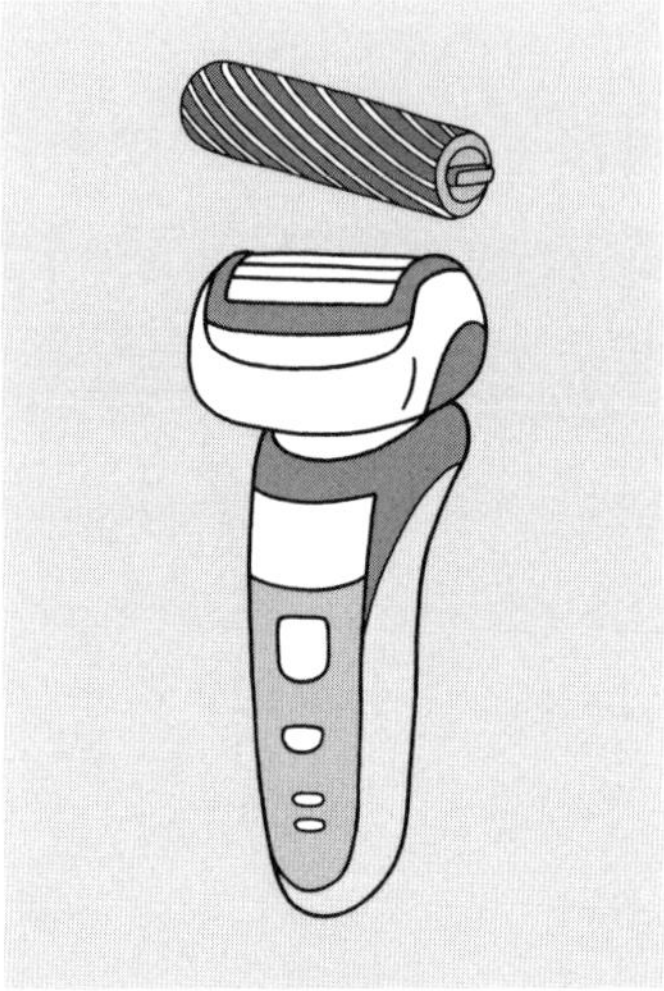

【ロータリー式】中間タイプ

ロータリー式シェーバーはそんなにヒゲは濃くないし、気を遣うほど肌がデリケートでない人向けです。往復式と回転式の間を取ったような存在で、どんな人でも使いやすいオールマイティーなタイプです。ただ、これも正しい使い方は必須です。剃り方を間違えば、肌を傷めヒゲを残してしまいますので注意しましょう。

いずれにしても、昨今の電気シェーバーはどのタイプも進化していますから、一度お店の売り場で相談してみてください。実際に剃り味を試せるところもありますよ。

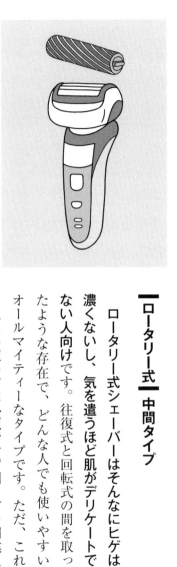

ヒゲ剃りにまつわるNG集

最近、若い男性の中でヒゲを抜きたがる人がいるそうです。ヒゲが生えるのが嫌で、永久脱毛を望む人も少なくありません。ただ、衛生面から言って、**ヒゲを自分で抜くのは好ましくありません。雑菌が入って化膿する原因になりかねない**からです。

それだけでなく、**肌が黒ずんだり赤紫色になったりとシミの原因にもなります。**もともとシミというのは肌細胞の核を紫外線などから守ろうとして生成されるメラニン色素が過剰に生まれることで発生します。メラニン色素が生成されるのは細胞核へのダメージを最小限に抑えようとする大切な働きですが、その代償として色素沈着、つまりシミが発生してしまうわけです。ヒゲを意図的に抜いて肌をビックリさせ、メラニン色素を不必要に活躍させないようにしましょう。

また、泡やジェルといったシェービング剤を使わずに、石鹸を用いている人もいるようです。これはヒゲ剃りに限らないことですが、石鹸は強アルカリの性質があるために、肌がダメージを受けている人には合いません。健康な状態の肌であれば「アルカリ中和能」という肌本来の力が働いて、石鹸によってアルカリ性に傾いた肌を弱酸性に中和してくれるのですが、肌が荒れているとその働きが落ちて乾燥が進行します。

肌がカサカサしていたり、ヒゲ剃りの後にヒリヒリする方は、肌を保護しながら美しく剃り上がるのをアシストしてくれるシェービング剤を使いましょう。

最後に、ヒゲ剃りにふさわしい時間帯についても触れておきましょう。

ヒゲ剃りをするのに好ましいのは朝です。夜、お風呂で剃る方が時間の余裕もリラックス効果もあって、それはそれでよいのですが、実は**ヒゲは午前中によく伸びます。**そのため、ヒゲの伸びが気になる人は朝の方が効率的なんですね。

さらに理想を言えば、**朝起きて20分ほどたってから**にしましょう。目覚めた直後は顔がむくんで毛穴が深くなっており、根元まで剃り切れない可能性があります。朝、ちゃんと剃っているはずなのに、お昼になったらもう伸びている気がするという人は、もしかしたらむくみが引いて、ヒゲの根元が出ているのかもしれません。

それでも日中、ふたたび生えて目立ってしまうという人は、ポケットシェーバーを携帯してみてはいかがでしょう。スマートフォンよりもひとまわり小さい携帯用シェーバーが各メーカーから発売されており、家電量販店やネットでも購入できます。

剃り残しや生え始めの青ヒゲをなくして、清潔感のあるビジネスパーソンにまた一歩近づきましょう。

第5章

未来に差が出る！
今から始めるスキンケア

健康的な肌がチャンスを生む

最近、男性のスキンケアに対する意識の高まりをにわかに感じます。流行しているというよりは、ケアをするのが習慣であり常識である世代が台頭している実感があります。

女性もそうした風潮を歓迎している節があることはアンケートから見て取れます。株式会社マンダムが問いかけた「男性の肌がキレイだと、距離感が近くなりますか？」という質問に対し、336人中、実に7割もの女性が「肌がキレイだと距離が近くなる」と回答しています。イマドキの女子はやはり、肌が美しい男性を好む傾向にあるようです。

だからといって私は「女性に媚びましょう」「女性の意見を男性以上に尊重しましょう」と言いたいわけではありません。男女のどちらが偉いという話ではありませんから。

ただ、女性の社会進出を政府が後押しし、実際に職場の女性率も上がり、女性が企業のキーパーソンになることもめずらしくない昨今、改めて「女性の意見」を無視できない世の中になっていることは間違いありません。そもそも会社での仕事は、大半がコミュニケーションを必要とするもの。男性がどうの、女性がどうのという前に、おたがいに気分よくコミュニケーションを図りたいですよね。

それでも強いて男女の傾向の違いに言及するなら、多くの女性は男性以上に衛生面に敏感で、相手に対する印象や感情が先行する一面があります。女性である私が言うのもなんですが、これればかりは脳の構造の違いによるものなので、理解していただくしかありません。

ケアすることは「自分をよく見せる」だけではなく、人と人とのコミュニケーションをスムーズに運ぶもの。そして何より「未来の自分を形造る」こと。自分を大切にしながら「相手への敬意や思いやり」を表すことでもあるのです。特に女性は衛生面にシビアな視点を持っています。その基準を理解していると、自ずとビジネスでは周囲への配慮が行き届いた人物として好印象を持たれます。

さらに身だしなみを整える上で、特に大切なのがスキンケア。この本を読んでいるあなたなら「男性には不要」という考え方はないでしょう。チャラい、女々しいといった偏見はこれを機に無視してください。あなたがスキンケアをすることは自分のためだけでなく「最低限のエチケット」であると理解しているはずです。自信を持ってこれから私がお伝えしていく内容を学び、習慣化してください。

洗顔は水を使わず泡を転がすのが正しいやり方

みなさん、洗顔はされていますよね。その際、水ではなく熱めのお湯で洗顔していませんか。たしかに冷えこみの厳しい冬の朝だとお湯を使いたくなります。あるいはお風呂で体を洗う時に、ついでに顔を洗ってしまう人もいるかと思います。その方がラクですからね。

でも気をつけてください。**熱いお湯で洗顔すると肌が乾燥します。**湯船にためる温度と同じ、40～42℃くらいのお湯で洗顔してしまうと、肌に必要な潤いまで流してしまうからです。

冬場に手が荒れている主婦のCMを見かけませんか。あれはきっと、そういう方に熱いお湯を流しながらお皿洗いをしている人が多いからでしょう。お肌が弱い自覚がある場合はゴム手袋をして洗っているケースもありますが、素手を熱いお湯にさらし続けると、肌の潤いが損なわれやすくなります。

もう少し例を挙げると、油を引いたフライパンを洗う時、お湯だと流れやすくなりますよね。つまり油というのは熱の力でゆるくなって流れやすくなるんです。

脂質が含まれるヒトの潤いも同じです。熱の力で流れやすくなる上、ゴシゴシこすれば、ますます肌に本来必要だったはずの脂質が流出してしまいます。加えて洗顔ブラシまで使ってしまったら、0・01ミリほどしかない薄い角質層は荒れてしまうでしょう。そうでなくても、もともと男性は毎日のシェービングで肌を削っているようなものなのですから。

洗顔に理想的なのは32℃くらいのぬるま湯です。イメージとしては**「夏場に水道の蛇口から出るぬるい水」くらい。**逆に冷たい水でもダメで、それだと毛穴が締まり、汚れが取れにくくなってしまいます。まずはぬるま湯で洗い、最後に水ですすいで毛穴を引き締める、という順序であればかまいません。

それでは正しい洗顔方法を伝授しましょう。

1 洗顔フォームを泡立て耳まで洗う

必ず洗顔フォームを使うようにしてください。

間違っても水だけで洗顔しないこと。朝は時間がないからといって、洗顔フォームを使わずにささっとすませるのはご法度です。というのも私たち人間の皮膚は起きている時も、寝ている間もずっと皮脂を出し続けています。特に成人男性の分泌量は女性の倍。その古い皮脂は水では落とせません。理科の時間に「水と油は反発する」と習ったかと思いますが、人間の皮脂も油が主体ですから、水だけではなかなか落とせないのです。

何より寝ている間に分泌された皮脂は酸化して、目覚める頃には過酸化脂質になっています。ひいては肌への刺激物質になり、ニオイの元にもなります。ぜひとも朝から労を惜しまずに、**洗顔フォームを使ってきっちり古い皮脂は洗い流しましょう。**顔に加えて、ニオイの発生源である耳や、耳の内側の凸凹までお忘れなく。

2 指でこすらず、泡だけで洗う

洗顔はゴシゴシするほど汚れが取れると思いこんでいませんか。残念ながら物理的な刺激を与えても、肌を傷めつけるだけです。

洗顔は指でこすらず、泡だけで洗いましょう。泡がきめ細かいほど汚れを吸着しますので、細かく泡立てたものを使用すると肌がスッキリきれいになります。顔に泡を乗せ、肌の表面で泡を転がすイメージです。大丈夫、強くこすらずとも泡が汚れを吸着してくれます。

泡立てるのが苦手なら、泡立てネットを使うのも一手です。ボール状の「くしゅくしゅタイプ」と、泡立てた泡を絞りとれるすそ広がりの「スカートタイプ」がありますが、私はムダなく泡を絞って取り切れる後者をおすすめします。

ちなみに洗顔フォームの中にはポンプ式で最初から泡立ててくれるタイプのものも販売されています。泡立てる時間がない、手間だと感じる人には利便性が高いです。朝の忙しい時などにおすすめです。

効果がありすぎるスクラブ洗顔は2週間に1回で十分

つぶつぶの入ったスクラブ洗顔を好む男性は少なくありません。肌がツルツルになり、病みつきになるからで、そうした人気もあって男性向けのスクラブ洗顔料もたくさん販売されています。

その効果のほどはたしかにありますが、ありすぎるがゆえに、私は毎日使うことをおすすめはしません。というのも肌の角質層が過剰に削れてしまうからです。スクラブ洗顔を連日行うと肌が乾燥しやすく、ひどい場合は赤いポツポツが出て、痛みをともなうことさえあります。

しかし頻度さえ間違えなければスクラブ洗顔はたいへん有効ですので、**2週間に1回は必ず行うようにしましょう。**なぜ2週間に1回か。それは、角質層が生まれ変わるタイミングだからです。

肌の一番表面を覆っている角質層（バリアゾーン）の生まれ変わりはおおよそ2週間と言われているんですね。そうして2週間が経過した最古参の角質層は、やがて垢となって剥がれ落ちます。

化粧品のＣＭで「ためして2週間」なんてコピーをよく耳にするかと思いますが、あれは角質層が生まれ変わるスケジュールが2週間だからなんですね。

話を戻すと、スクラブ洗顔を毎日続けてしまうと、せっかく2週間かけて出来上がった角質層のきれいな折り重なりが崩れてしまいます。2週間に一度、皮膚の一番上に積みあがった古い角質をやさしく除去するだけでいいんです。

もしかしたら「垢は剥がれ落ちるなら自然のままでいいじゃないか」と疑問に思われたかもしれません。しかし年齢とともにこの生まれ変わりが滞りがちになり、皮膚の表面の角質にたまった垢は乾燥し、分厚く、そして硬くなります。肘を触ってもらうとわかりますが、ここの皮膚って他と比べて硬いですよね。「角質肥厚」といって、乾燥して硬くなっているからです。

もしも肘にあるような角質肥厚した皮膚が顔全体を覆っていると想像したら、どうでしょう。顔がガサガサで動きがぎこちなくなると思いませんか。ただでさえ男性は女性に比べて、男性ホルモンの影響で角質肥厚になりやすいのです。2週間に1回のスクラブ洗顔で、肌の新陳代謝をやさしくうながして、常に若々しい肌をキープしましょう。

ちなみに男性は角質層がしっかりしている分、化粧水も浸透しにくい傾向にあります。やはりスクラブ洗顔をして、化粧水が浸透しやすい肌を作っておきましょうね。

化粧水は少しずつなじませる

肌の潤いをキープする上で欠かせないのが、洗顔の後の化粧水。その後に続く美容液やクリームなどの美容成分を、肌をふやかすことで深部（角質層まで）に届きやすくしてくれるステップです。たっぷりつけて一度ですませようとせずに、**数回に分けて少しずつ浸**

透させていくのがコツです。そもそも手のひらに乗せられる量には限界がありますから、適量を複数回つけるようにしましょう。

その際、**手のひらで顔を叩くのではなく、水分を閉じこめるように顔をやさしく手のひらで押さえること。**

弾力線維と呼ばれる「コラーゲン線維」が紙一枚分の表皮の下にある真皮に張りめぐらされ、肌のハリを保ってくれているのですが、顔を朝晩365日叩き続けると物理的なダメージが蓄積し、シワやたるみの原因になります。要するに顔を叩くということは、自分の顔を自ら傷つけるようなものです。

どうしても「入れ！　入れ！」と思ってしまうから、無意識に強い力を加えてしまうんですよね。何より朝は忙しくて余裕もないから、乱暴になってしまうのも致し方ありません。それでもできれば叩かず、手でなじませることを意識してみてください。

なお、コットンでパッティングする際もやさしくするのが基本です。個人的にはコットンを使わずに手でなじませる方法をおすすめしますが、コットンを使いたい場合は赤ちゃんの頬に触れるような気持ちでやさしくパッティングしましょう。自分の肌を大切にしてください。

適量を複数回に分けて使うべき、というのは化粧水の後の美容液やクリームにも当てはまります。一度にぐりぐりと乱暴に塗りこむのではなくて、**適量を2、3回に分けて少しずつ、薄くつけていくようにしましょう。**その方が浸透しやすくなります。

順番としては、まずは手の甲に美容液やクリームの使い方に表示されている量を出して、中指で少しだけ取り、**まずは乾燥が気になりやすい目のまわりや口のまわりから塗りこみ始めてください。**少量塗ったところは、すばやく浸透するのを感じるでしょう。そして、残りすべてを顔全体にもう一度つけると、乾燥部分は重ねてつけたことになりますので、より保湿力が上がります。

乾燥して物足りないようでしたら、潤いを感じるまで量を追加してつけてください。

ところでクリームを使わずに「化粧水だけ使う」という男性が少なくないようです。しかし、化粧水オンリーだとかえって肌が乾燥してしまうことがあります。

お風呂に上がった後、体が濡れたままだと寒いですよね。あれは肌表面の水分が蒸発して、肌の熱も一緒に奪われているのですが、同時に角質層に含まれている水分も逃げていくからです。同様に、化粧水は肌を潤わせますが一時的なものが多く、特にサッパリ系のものは気化するスピードが早く、そのまま放置するとすぐに水分が飛びやすくなり乾燥しがち。やはり**化粧水とクリームは、セットであるものはそろえて使うことをおすすめします。**

どうしても面倒だという人はオールインワン型のスキンケアアイテムなるものがありますので、こちらを使うとよいでしょう。これはクリームを使わなくても保湿にすぐれたたいへん便利なもので、一つのアイテムで化粧水とクリーム両方の働きをしてくれます。

ただしオールインワン型のものは油分が少ないものもありますので、シェービングをした後に肌が乾燥して荒れている人は、しっかり保護膜を作るためにも部分的にクリームを足すか、やはりオーソドックスに化粧水とクリームの合わせ技で対応しましょう。オールインワン型のものに向いているのは、自分の皮脂で油分を補える肌質の人に限ります。

というように化粧水やクリームなど世の中にはさまざまなスキンケアアイテムがありますが、自分の肌質に合わないものを使い続けるのは逆効果。ちゃんと肌のなめらかさが保たれているか、肌にブツブツができていないか、そのアイテムが自分に合っているかを判断しましょう。

角質層が生まれ変わる間隔は約2週間、さらに角質層を含めた表皮全体が生まれ変わるのは約28日ですから、**少なくとも1か月から1か月半は使い続けて肌の新陳代謝を一周させてみてから判断**してもけっして遅くはありません。どんなスキンケアアイテムも大体1か月で使い切れる量を想定してパッケージにしていますから、「一本使い切ってから」の判断でもいいと思います。

また、化粧水でよくある「さっぱりタイプ」と「しっとりタイプ」。これは**季節によって使い分けるようにしましょう。**もちろん肌質に個人差はありますが、汗をかきやすい春夏は「さっぱり」、乾燥しがちな秋冬は「しっとり」と保湿力や使用感の違うものを選ぶのが理想的です。

自分は「さっぱり」が合っている、いやいや「しっとり」が合っていると思いこんで、同じタイプのものを通年で使い続ける人が多いのですが、季節によって衣替えをするように、化粧水も季節によって変えると、よりよいのです。

ニキビはオイルで防げる？

ニキビができると見た目にも目立つ上、少し痛みもあったりして、何かと厄介ですよね。不健康な肌と思われてしまいそうですし、自分でも鏡を見るたびに目が行って気になってしまうもの。実際、大人にニキビができるのは体調にもよりますが、適切なケアを怠ってしまったことに要因があります。

ニキビには「白ニキビ」「黒ニキビ」「赤ニキビ」と状態によって異なる名前が付いていますが、その共通している主な原因は毛穴に詰まった皮脂。皮脂が毛穴に詰まり、皮膚が盛り上がった状態なのが白ニキビで、そのまま詰まった皮脂の表面が酸化して黒ずむのが黒ニキビ。毛穴が詰まったまま中でアクネ菌が繁殖し、炎症を起こしてしまうと赤ニキビとなります。

ケア不足や間違った方法では毛穴周辺の皮膚が硬くなり、毛穴の開閉が重くなり、皮脂が詰まりやすくなります。特に男性の肌は女性よりも皮脂がたくさん出ますから、毛穴が詰まってニキビもできやすいと言えます。

しかし、よかれと思って皮脂を取りすぎてしまうのは逆効果。洗顔のしすぎや、普通肌なのに脂性肌用のスキンケアアイテムを使うのは禁物です。

皮脂は汗と角片とバランスよく混ざりあい、天然のクリームと言われる皮脂膜を作り、潤いをキープしてくれます。そういった肌はやわらかさも保っていますからニキビもできにくいので、ある程度の皮脂は必要となります。お肉をサラダオイルに浸けるとやわらかくなるのと同じように、良質な油分が浸透することで肌もやわらかくなる特性があるんですね。結果、肌が硬くならず、毛穴が詰まりにくくなる。ニキビケアで大切なのは皮脂を否定しないこと。

そこで**活用したいのが、ビタミンEやAが含まれるスキンケアオイルです。**抗酸化物質であるビタミンEやAが皮脂の酸化を抑え、肌が硬くなるのを防いでくれて、化粧水の後のクリームがわりに使用することでニキビができにくい肌に整えてくれます。

もちろん顔がベトベトになるほど過剰につけるのは考えものですが、適量のオイルを使ってニキビを防いでいきましょう。先ほどもお伝えしましたが、ただ化粧水をつけるだけで満足しないこと。化粧水だけではむしろ乾燥が進んで、ニキビを増やすことになりますよ。

テカリはビタミンBで体内から制する

体内のビタミンバランスが崩れ、皮脂が過剰に出すぎてしまうこともニキビやテカリの原因です。ですから皮膚の表面をケアするだけに留まらず、摂取する食品を見直して、体の内側からも制していきましょう。

結論から言うと、**ニキビやテカリはビタミンB群を摂取することで抑えられます。**通常、食事で得られる糖や脂肪分をエネルギーとして利用するには、ビタミンBのサポートが必要です。ところがビタミンBが体内で不足していると、糖や脂肪の代謝がうまくいかず、余分な皮脂が出るようになり、ひいてはニキビの原因になります。

たとえば昼はラーメンと炒飯、夜もどんぶり系といった食事を続けている人は顔がギトギトしがちです。簡単にすませられて、お腹が満たされるタイプの食事はだいたい糖質や炭水化物が多いと考えていいでしょう。そうした食事から得られる糖や脂肪分に対してビタミンBが足りないために、ニキビやテカリが発生してしまうのです。

こういったことはビタミンBの不足というより、むしろ食事の中で糖質や炭水化物が過剰なので、まずは栄養バランスの見直しが必要ですが、同時にビタミンBを摂ることを意識すると改善も早いですね。**たとえば豚や牛のレバー、卵や納豆などタンパク質のものを食べればビタミンB群を補うことができます**から、野菜と一緒にそれらも食べましょう。

食生活を見直すことは、とても大切なことです。ただ、たとえばほうれん草100gに対して含まれるビタミンBは0・13㎎ほどですから、食生活の見直しは長期的な効果はありますが、短期間で改善したい場合はビタミンB群を摂取できるサプリで補った方が効率的でしょう。もちろんコンビニやドラッグストアなどで市販されています。

ニキビや吹き出物、そして皮脂の過剰なテカリは「食事のバランスが悪い」「ビタミンBが不足している」サインととらえ、肌の表面からだけではなく体内からもケアしていきましょう。

「あぶらとり紙を使うとよけいに皮脂が出る」は本当か？

あぶらとり紙を使うとよけいに皮脂が出るようになる、という話を耳にしたことはありませんか？　皮脂を取りすぎると肌がもっと出そう、出そうとするから、むしろティッシュなどでおさえるくらいでよいという、なんだか信憑性のありそうな言説。

実は私にも経験があります。思春期の頃、ニキビができるのが嫌で、あぶらとり紙で顔を拭きまくっていた時期がありました。常にサラサラの肌でいたくて、肌表面の脂を徹底的に取りたくなる衝動に駆られていたのです。でも、なぜかニキビができてしまった。ああ、やっぱりあの話は本当だったんだなと思いました。

でもそれは、大いなる勘違い。あぶらとり紙を使って皮脂がよけいに出てニキビができたのではなく、過ぎた行為が肌を乾燥させ、水分と油分のバランスが悪くなり、それが原因で皮脂が浮いてニキビもできていたのです。

ということで、ここで断言します。「あぶらとり紙を使ったらよけいに皮脂が出る」のは都市伝説です。**あぶらとり紙を使ったからといって、皮脂の分泌量が突然増えることはありません。**

正しくは、あぶらとり紙を使いすぎることで、目には見えない肌表面の荒れを起こしてしまい、本来は皮脂や角片と混ざって肌の潤いとして働いてくれる水分が蒸発し、皮脂だけが残ってしまうというわけですね。(これを乾燥性脂質肌と言います)要は頻度の問題で、何事も過ぎたるは及ばざるがごとしです。私は男性にランチタイムと夜のお出かけ前の2回、あぶらとり紙で皮脂をおさえることをおすすめしています。その理由は、長時間にわたって放置している皮脂は酸化して、刺激物質（過酸化脂質）となり肌の老化を進める原因になるから。皮脂はおよそ4時間で酸化すると言われています。朝の洗顔から計算するとお昼に、夜におでかけするならその前のタイミングで、やさしくあぶら取り紙でおさえましょう。ポイントは「やさしく」です。間違ってもゴシゴシと拭いたりしないで、肌はいたわってくださいね。

紫外線をブロックする日焼け止め用品の使い方

ここからは紫外線についてのお話です。ある長距離トラックのドライバーを28年間勤めた男性の写真が、２０１２年にニューイングランド・ジャーナル・オブ・メディシンにて配信されました。

ノースウエスタン大学の皮膚科学者ジェニファー・R・S・ゴードン氏とジャクイーン・C・ブレイバ氏によって発表されたこの男性の写真は、長年同じルートを走り続けたために顔の左半分だけが紫外線にさらされ、左右の顔面バランスが大きく崩れてしまったというとてもショッキングなものでした。

紫外線を浴びるのは肌や頭皮にダメージを与えるため、あまりよくない。シミやシワの原因になる。頭ではわかっていても、日焼けをはじめとする紫外線の影響は生活環境や肌のタイプによって個人差があるわけで、実際どの程度の悪影響があるのかがピンとこないところがあるのではないでしょうか。

しかし、そんな私たちに衝撃を与えたのが先述の写真。紫外線の肌への影響が如実に現れており、対策とケアの重要性が非常によく伝わってきます。この男性には医療の力による回復を祈るばかりですが、私たちは彼に感謝し、教訓としたいところです。

改めて断言します。**肌の老化の原因はほぼ紫外線です。**他にもいくつか要因はありますが、**約8割は紫外線の影響で老化するのが、美容の世界の常識。**そんな紫外線から自分の肌を守るべく、まずは日焼け止め用品の選び方を学んでおきましょう。

紫外線と一言でいっても、大きく3種類に分けられます。A波（UV—A）、B波（UV—B）、C波（UV—C）の3つです。

このうちC波は別格。皮膚ガンの原因となり、私たちにとってとても有害な光線なのです。ズバリ言ってしまえば、生物はC波を浴び続けると生存できなくなるのです。とはいえ普段はオゾン層に守られていて、C波が地表に到達することはありません。しかし昨今は、このオゾン層の破壊（オゾンホール）が問題視され、特に紫外線の強いオーストラリアでは、公園の遊具や学校の屋外プールにはテントが張られているそうです。

一方、A波とB波は地表に到達します。この2波の影響をいかに軽くするかが、老化を食いとめる鍵となります。

このA波やB波に対する防御力を示すものとして、PA（Protection Grade of UVA）とSPF（Sun Protect Factor）の2つの基準値が設けられています。ドラッグストアなどで日焼け止め用品のパッケージを手に取ると「PA」と「SPF」の文字が記載されていますが、ご存じの方も多いと思います。

まずはB波。この紫外線は炎症（いわば火傷）を起こすほど肌にダメージを与え、特に**シミの原因になる強い光線です。**より専門的に言えば、B波に反応した肌はその影響から細胞を守ろうとしてメラニンを生成し、肌の色を黒くさせてダメージを防ぎます。これは私たちにとって必要な防御反応ですが、非常に強い刺激を受けたり、それをくり返されたりすると、やがてはシミの原因となります。

これを防御する値がいわゆる「SPF」ですが、SPF1が「B波の影響を15分間ブロックできる防御力」と考えてください。ですからパッケージに「SPF30」と書かれていたら、B波の影響を15分×30＝450分は食いとめることができる計算になります。つまり、数字が大きいほど長時間防御ができます。しかし、このSPF数値の高いものを普段から使用すればよいかというと、そうでもありません。数値が高いものは、自らが紫外線のダメージを受けて肌を守るもの（紫外線吸収剤）が多く、長時間付着していると肌に負担をかけるデメリットもあります。かつてはSPF100という数値のものもありました。理論上はその数値となるのですが、実際はSPF30以上になると防御率に大差がなく、かえって肌ダメージを招いてしまうことも多かったようです。そこで限度値が定められ、現在日本国内ではSPF上限は50と定められています。これは国によって違いがあり、一例をいうとオーストラリアでは「SPF30まで」とされています。

また、ここで日焼け止めを選ぶ際に知っておきたいことがあります。先ほど伝えた「SPF＝15分」というのは、あくまで一般的な目安であって、紫外線に対する耐性には個人差があります。あなたは太陽の下に素肌をさらすと、だいたい何分くらいで肌が赤くなりますか？　肌は色素の量や表面の状態などによって、紫外線に対する反応に時間の差が出てきます。つまり、**人によってSPFのブロック時間の数値が変動する**ということ。素肌で太陽に当たると5分で赤くなる人はSPF1＝5分で、20分かかってようやく赤くなる人はSPF1＝20分で計算し、塗り直しをしなくてはいけません。日焼け止め選びの際の参考にしましょう。

次にA波。これは**肌の奥まで届き、肌のハリを失わせてシワとたるみを作る光線**です。A波もメラニンを生成しますが、可視光線に近いためB波より奥底の真皮に入りこんでコラーゲン繊維を傷め、シワやたるみの原因になります。これに対する防御力を示す「PA」についてですが、こちらは、数値で表さずに「＋」の数で4段階表示されています。

PAの段階表示は

＋（効果がある）
＋＋（かなり効果がある）
＋＋＋（非常に効果がある）
＋＋＋＋（極めて高い効果がある）

とされており、ご覧のように「＋」の数が多ければ多いほど防御力が高い、という意味です。紫外線で悪影響があるのは「B波だけ」とされていた時期がありました。A波は肌の老化にさほど影響はないと思われていたのですが、現在ではシワとたるみの原因であることが判明しました。PAがSPFよりもずっと後に登場したのには、そういう背景があったからなんですね。

過去に日焼けサロンに通っていた人も「A波を浴びに行くだけだから（肌が黒くなるだけで）OK」と信じて疑っていなかったようですが、「A波は大丈夫」は通用せず、ただ肌の老化を招くばかり。

これらSPFとPAの値を参考に、日光を浴びるシーンや時間帯によって日焼け止め用品を使い分けてみてください。たとえば日中に海水浴に行くなら、強い日差しを全身で受けとめることになりますから「SPF50」かつ「PA＋＋＋＋」の最強クラス。少しの時間ふらっと外出する程度なら「SPF10」かつ「PA＋＋」くらいの商品を選ぶといいでしょう。

何もそれほど防御力を必要としないシーンまで最強クラスを導入することはありませ

ん。大は小を兼ねるわけではありませんから。商品が持つ防御レベルを適切に使い分け、肌に過剰な負担がかからないようにしましょう。

紫外線の影響は蓄積型と言われています。若い頃にたくさん浴びていた人は、そのツケが回ってこないよう今のうちにケアをしっかりしましょう。

日焼けしてしまったらどうする？

日焼け止め用品だけでは食いとめきれず、思った以上に日焼けをしてしまったり、油断して肌が真っ赤になってヒリヒリしてしまったらどうすればよいでしょうか。焼けてしまったものは仕方がありませんので、その後のケアを適切に行って、肌の老化を少しでも遅らせましょう。

そもそも日焼けして肌が赤くなるのは、肌が火傷に近い状態になっているから。そのため「ほてりを冷ますために冷やそう」と考えがちですが、残念ながら逆効果です。**日焼けした肌に冷たいものを当てると、かえって炎症がひどくなる場合があります。**

寒い屋外から暖かい屋内に入ると冷たかった手がポカポカとしてきた経験はないです

か？　あれは冷えて収縮していた血管が、暖かい屋内に入ったことで血管が拡張し、急激に血流がよくなって手が温かくなるのです。つまり、炎症を起こしてほてった肌にも冷たいタオルを当てると一時的に血管が冷やされておさまるように感じるのですが、タオルを外すとかえって血管が拡張して赤くなり、よけいに炎症が進行してしまうのです。

それでは、どうすればいいのでしょうか。正解はこちら。

1　常温の水で絞ったタオルを当ててほてりを鎮める

2　それを何度かくり返す

3　スキンケア用品でしっかり保湿する

常温タオルによる初期対応とスキンケア用品によるアフターケア。この一連のケアを行うことで、肌が受けた大きなダメージを少しずつ取り返すことができます。

さらに、スキンケアで適切に保湿しておけば、痛みをともなう「皮のめくれ」はゆっくりとなり、ラクになります。間違っても日焼けした後に「ちょっと痛いくらいだから大丈夫」と過信してはいけません。肌の内部では老化に向かってとんでもない悲劇が進行していると自覚しましょう。

ほてりを鎮めた後は、シミを予防する美白ケア。主に次の4つの種類が挙げられます。どれを選んでよいのかわからないと思いますが、これは段階によって使い分けていくことが理屈に合った選び方。賢く選び使うことで、きっと肌は応えてくれるはずです。

1 ほてりを鎮めた後は、抗炎美白

炎症を抑えてメラニン色素が生成されるのを防ぎ、シミをできにくくする美白方法。

主な成分……カンゾウエキス、アズレン、トラネキサム酸　など

2 炎症がおさまったら、代謝美白

肌の新陳代謝を促し、生成されたメラニン色素の排出をうながす美白方法。

主な成分……プラセンタ、ビタミンA　など

3 シミができてしまったら、還元美白

生成されたメラニン（色素）を還元作用によって薄くすることで、シミの色を薄くする美白方法。

主な成分……ビタミンC、ハイドロキノン、コウジ酸　など

4 シミを作りたくない（増やしたくない）なら、予防美白

メラニン（色素）の生成過程を阻害する美白方法。

主な成分……エラグ酸、アルブチン、トラネキサム酸　など

一度できてしまったシミやシワをなかった頃のようには戻すのは本当に大変です。（しみじみ……）

特にシミを完全に取ろうと思えば美容医療にかかり、レーザーで処置してその後は絶対に紫外線に当たってはいけないなど、手間もお金もずいぶんかかります。一方のシワについてはある意味年輪みたいなものですから、大人の男性の色気を感じさせる部分もありま

すが、シミは女性がメイクでカバーすると印象が変わるように、男性もあるとなしとではかなり違い、健康的な印象になります。

加齢によって少なからずできてしまうものですが、それでもケアをしてきたかどうかは歳を重ねた時に結果となって現れます。肌は一生付き合う、あなた自身の外側。男性にも自分を大切にし、いつまでも精悍ではつらつとした姿でいてほしいと願う私からも、メンテナンスは惜しまず、むしろ楽しみながらスキンケアをしていただきたいなと思います。

第6章

太りにくくなる！
知って得するヘルスケア

健康のためにも引き締まったボディを

人の視線はまず顔に行き、肌や髪型を無意識にチェックしています。その後、視線は下がって首から下へ。『保険クリニック』株式会社アイリックコーポレーションが一般の女性5000名に調査したアンケートでも「初対面の男性で、視線が行くところはどこですか」という質問に対し、女性の回答が最も多かったのが肌（顔）、その次が体型でした。

ビジネスパーソンの姿はスーツが8割を占めていますから、とりわけ優先度の高いトピックとして第一章でスーツのお話をしました。この章では、そのスーツに包まれている**あなた自身の体型をキープする豆知識**をお伝えします。体型はスーツを着用する土台となるもの。せっかくなので、獲得したスーツの着こなし術を活かせるよう、健康維持の面においてもヘルスケアの知識を入れて引き締まったボディをキープしましょう。

数年後に大きな差がつく太りにくい食べ方

まず手始めにできるのは「食べる順番」をテコ入れすること。一度は耳にしたことがあるかもしれませんが、実は同じものを食べても、口にする順番を意識することで糖の吸収スピードに変化をつけることができます。

糖を体に取りこむと、体内では急激に肥満ホルモン（インシュリン）が分泌されます。糖の吸収をおだやかにすることで、このホルモンの分泌を抑え太りにくくするという仕組みです。そこで覚えてほしい主な方法は3つ。

1 野菜などの繊維ものから食べ始める

2 味噌汁や牛乳等といったタンパク質を摂り、胃に膜を張る

3 一品料理やドレッシングはお酢を使ったものを選ぶ（酢の物・マリネなど）

食事というのは人間にとって特に大事な行為です。一日絶食するだけでもへこたれてしまうほどで、生きるエネルギーに直結するものです。とはいえ何でも食べればいいわけではありません。これは断言できますが、食べるものや食べ方に無頓着だと、人はやがて肥満になります。

30代を迎えた人なら共感できると思いますが、30歳を過ぎた頃から人は代謝が悪くなり、普通に生活していても太りやすい体になっていきます。20代の頃と同じような食生活や運動量では、どうしても余分な脂肪がついてしまうんですね。これはもう老化の仕組みから言って、避けられないことです。

それゆえ運動不足が叫ばれ、「定期的な運動をして代謝をよくしましょう」と口酸っぱく聞かされるわけですが、30代は任される仕事に責任がともなうようになり、毎日忙しいから時間はないし、ただでさえ疲れているのに運動どころじゃない。それが多くの方の本音ではないでしょうか。

そこで見直すべきは食生活です。食事は毎日、毎週、毎月、毎年の積み重ねであり、わずかな心がけでも数年後に大きな差が出ます。太るのは簡単でもヤセるのは難しくなった30代以降の「取扱注意な体」が今後もスリムであり続けるには、日々の食事を見つめ直すことが先決でしょう。

また日本ではウエストサイズの基準値がオーバーしていると、「メタボリックシンドローム」と診断されることはよく知られていますが、そこには血圧、中性脂肪値とＨＤＬ

コレステロール値、そして血糖値などについても基準が設けられています。

日本人の食事の多くは脂肪分が多いというより糖質過多な人が多いと言われ、厚生労働省の「国民健康・栄養調査」（２０１２年）によると糖尿病患者数は９５０万人、予備群を合わせると２０５０万人。なんと成人の５人に１人の計算になるそうです。

日本人はとりわけ「炭水化物」が大好き。炭水化物は主に糖質から成り立っており、ラーメン・丼物など、人気のお腹が満たされる食事はこの炭水化物中心のものが多いです。また最近は男性のスイーツ好きも増え、意識していないと一日で口にする糖質の量はかなりのものになります。

そこで普段の食事でコツをつかんでおくと、太りにくく健康キープもしやすいということなら、こんなにいいことはありませんよね。糖の吸収をおだやかにするこの３つの方法を、シンプルにまずは習慣化してみてください。

お酒を飲む日のランチで食べておくとよいもの

最近では若者が飲むお酒の量はずいぶんと減ったようですが、時々失敗してしまう人の

ために お酒の上手な付き合い方を一つ紹介しましょう。

それは、**お酒を飲む日のランチには、「カレー」を食べること。**

カレーはさまざまなスパイスが配合された食べ物ですが、中でも多く含まれているのがウコン。別名ターメリックと言いますが、このウコンの色こそ黄色であり、カレーの色を成している正体です。つまりカレーはウコンをたくさん摂ることができる、効率のよい食べ物。

そして嬉しいことに、ウコンには肝臓の働きをよくし、アルコールの分解を促進してくれる働きがあると言われています。ウコンのパワーを全面的に謳ったエナジードリンクも販売されているほどで、お酒を飲む前に飲んでおくと効果が期待できるとされています。

ウコンがさらに有用なのは、その効果が長続きすること。一度取りこんだウコンは24時間体内に残る性質があり、飲み会の直前ではなくてもその日のランチで摂取しておけばよいのです。

こういった理由から「お酒を飲む日のランチはカレー」の法則が導かれたわけですね。

特別何かを我慢したりするわけでもない、実に「美味しい対策」だと思いませんか。

ビジネスパーソンにお酒の付き合いはよくあることですから、「お酒をやめろ」とは言いません。

お酒は高齢の方の長寿の秘訣としてあげられることもあり、けっして体に悪いものではありません。血行をうながす効果がありますから、適量を飲むのは体にとってよいことです。私も時々、寝る前に命を養ってくれそうな名前のお酒を少しいただいております。

しかし、酔いつぶれたり体調を崩したりするといった過ぎた飲み方をしてしまうと、やはり体に負担がかかるということは頭に入れておきましょう。二日酔いで翌日つらい思いをしなくてすむように、できる対策があることを知っておくとよいですね。

空腹で眠れない夜に食べてもOKなもの

夜、寝る直前に何かを食べる行為はけっして褒められたものではありません。これから体を休めるというときに、体内にエネルギーを取りこむと、消費されずに体にためこまれやすくなります。栄養不足の時代ならいざ知らず、現代ではあまりおすすめできません。

とはいえ、食事の時間が早かったり食べるタイミングを逃してしまったり、どうにもお腹が空いて眠れない時や、イライラが収まらなくて無性に何かを食べたい時がありますよね。もちろん私にもあります。よくないことと頭ではわかっていながら、それでも結局食べてしまうのであれば、せめて「食べてもいいもの」「体にかかる負担が軽いもの」を選んで食べるようにしましょう。

私のおすすめは、ズハリ**「ゆで卵」もしくは「減塩タイプの魚肉ハムソーセージ」**。たとえば体によさそうということで野菜サラダなんかを口にしても、いまいち「食べた感」がありませんよね。パンチが弱いせいで、かえって食欲に火がついて、さらに別の食べ物にまで手を伸ばしてしまうかもしれません。

ところが卵やソーセージであれば、タンパク質ですから炭水化物や糖質と異なり、脂肪になりにくいうえ、食べた後の満足感がありますし、お腹の落ち着きと同時にもぐもぐ噛んでいるうちに、気持ちも落ち着いてきます。

ただ、寝る前に塩分を摂りすぎるのはよくありませんから、そこは控えめに。

というわけで、寝る前に食べるなら私はゆで卵や魚肉ハムソーセージ、ただし塩分控えめタイプのもので、食べすぎないことがポイントです。

ストレスをなかったことにしてくれるビタミン

小さなことから大きなことまで、お仕事や人間関係など、人は誰かと関わっている限りストレスはつきもの。私も忙しいとついイライラしてしまうことがあります。とても小さなことですが、先日、いつもテレビのチャンネルを勝手に替える家族についにカチンときて口ゲンカをしました。観ている番組を突然替えられるのが、どうも苦手なんです。

みなさんもさまざまな理由で立腹する瞬間があるかと思いますが、原因はさておき、イライラした後はみな同じ。「怒り」の感情は体にストレスをかけ、活性酸素が発生して内臓に悪影響をおよぼすと言われています。そんな時、いったん抱えたストレスをなかったことにしてくれるなんとも頼もしい栄養素があります。**抗酸化物質のビタミンC、別名アスコルビン酸**です。

ビタミンCは一度に1000㎎を摂取すると、体内で発生した活性酸素を抑える働きがあります。市販されている栄養ドリンクの中にも「1000㎎配合」を謳う商品があります。

ただ、強いストレスを感じる前後に1000㎎を摂取することは効果的ですが、通常ビタミンCは尿と一緒に排泄されやすいので、普段は**小分けで飲んだ方が効率がよい**とされています。よかれと思って毎回1000㎎以上摂取しても、体内で蓄積せずに使われなかった分はそのまま尿で排出されます。

ビタミンドリンクを飲んだ後の尿が濃い黄色になっていることがありますが、あれは水溶性のビタミンBがほとんど流れ出たもの。ビタミンCも同じく水溶性で尿と一緒に排泄されやすく、体内で作用するのも早いですが、体外に出ていくのも早い性質があります。

ということでビタミンCは、美容と健康のためには小分けにして飲み、ストレスを感じた瞬間にはしっかり摂るなど、状況に応じてコントロールするとよいですね。日々のストレスに打ち克ち、若々しい健康を保つにはこうしたドリンクを飲み、ビタミンCの力を積極的に利用しましょう。

ただし胃が荒れている人が空腹でビタミンCを摂取すると気分が悪くなることがありますので注意してください。瞬間的なストレスには有効ですが、慢性的なストレスを抱えている人は胃が荒れている場合が多いため、摂取を控えた方が無難です。もしくは直前に牛乳を飲み、胃の内壁に保護粘膜を作ってから摂取するなど、飲み方を工夫しましょう。

誰でもカンタンにできる即効全身リカバリ方法

最近、女性の間で「炭酸泉」が流行っているのをご存じですか。文字通り「炭酸入りの温泉」のことで、スーパー銭湯にもそれを再現した「炭酸風呂」がよくあります。人気すぎるがゆえに、いつも人がいっぱいで、私も入りたくても入れないくらいです。全身美容になるのですから、女湯での人気もうなずけますね。

なぜ炭酸が美容によいのかといいますと、炭酸のお湯に浸かると血行がよくなって、酸素や栄養素が体のすみずみに行きわたりやすくなります。これは二酸化炭素が浸透することで血液中の酸素が一時的に酸欠状態であると脳が誤解し、血管が足りなくなった酸素を取りこもうと拡張することで、新鮮な血が送りこまれるようになるからです。(ボーア効果と言います)こうして炭酸風呂は、湯船に浸かるだけであたかも有酸素運動をしたかのように酸素を大量に消費するので疲れることなくダイエットできることになりますし、むしろ疲労回復につながり新陳代謝もよくなって美肌にも効果的。まさに一石何鳥にもなるのです。

もう、今からスーパー銭湯に駆けこんでいただきたいところなのですが、炭酸風呂を備えている銭湯が近くにない場合もあるでしょう。でも大丈夫、自宅の湯船に**「炭酸入浴剤」を入れれば同じ環境を作り出せます。**湯船に入れるだけの「簡単全身リカバリ方法」ですね。

いくつかある商品の中でも、私は炭酸が高濃度のものを愛用しています。炭酸が入ったお湯は体感温度が2度ほど上がりますので、39〜40℃くらいの、湯船にしては少しぬるめのお湯にゆっくり浸かるのがいいでしょう。それ以上温度が上がると炭酸が抜けやすくもなりますから。

同じ炭酸ですから、シンプルに無糖炭酸水を飲むことで体の内側からアプローチするのもおすすめです。コツは食事の最中ではなく20分ほど前に飲むこと。すると胃の働きがよくなって、消化もよくなります。さらには腸が活発になり、お通じもよくなります。まさに炭酸水さまさまですね。

私もすっかり虜で、夏場に喉を潤したい時などは微炭酸じゃ物足らず、強炭酸を好んで飲んでいます。炭酸水のおかげで特に激しい運動をしなくても、リラックスして代謝を上げられる点が気に入っています。

そうそう、運動している最中や直後に炭酸水を飲むのは控えておきましょう。ただでさえ有酸素運動をしているところに、さらに酸欠状態に追いこむようなもので、気分が悪くなってしまうかもしれませんよ。もちろん無糖炭酸水は骨を溶かしたりしませんので、ご安心を。

徹底的な糖質カットで本当にヤセるのか

お酒を飲んで気持ちよくなった後、最後にラーメンを一杯食べて帰りたくなるのが人の常。気持ちはたいへんよくわかりますが、ラーメンは脂や塩分、糖質、炭水化物がてんこ盛りの食べ物。夜中のラーメンは不思議と美味しく感じるのですが、すぐに太る原因になります。特に深夜になって食べるラーメンは「肥満につながる魔性の食べ物」と心得ておきましょう。

同じ麺類ということで、できれば蕎麦をおすすめしたいところですが、世の男性が持つラーメン愛は格別であることも知っています。そこで、どうしてもラーメンを食べたいのであれば、その日**一日の糖質をコントロールする**ようにしましょう。その日最後の贅沢のために、それまでの食事をセーブする。そのくらいの代償は払ってもいいはずです。

とはいえ長期間徹底的に糖質をカットするのは考えもの。夜にラーメンを食べるからご飯を抜いておく、という心がけは殊勝ですが、**普段の朝昼の食事ではご飯一膳くらいは食べておいた方がよい**と思います。

なぜなら糖質をゼロにすると、体が生命維持のために強く欲してしまうから。体内エネルギーに直結する糖質が失われると、体にとっては飢餓状態になるわけで、次はそうならないように糖質をためこもうとする力が体内で働きます。いわゆるリバウンドを起こしやすくなるのです。

野菜などの作物を育てる時も、水やりを最小限に留めて飢餓状態を作り出す手法があります。作物本来の大きくなろう、成長しようとする力をあえて引き出して、美味しさを向上させるんですね。

人間だって同じです。よりシンプルに表現すれば「飢餓の後はもっと食べたくなる」わけで、糖質制限ダイエットに成功した人がリバウンドしやすいのはそういうこと。それまで抜いていたものをふたたび摂り始めたら、体の「欲しがる気持ち」に火がついて、以前にも増して食べるようになって体も必要以上にカロリーをためこんでしまうでしょう。

深夜に食べるラーメンのために一日だけ炭水化物を抜くのであればＯＫです。夜は主に寝るだけで、エネルギーを必要としませんから。朝や昼に食べたものは、いずれにしても日中に消費されますから、けっして無理することはありません。ご飯一膳くらいは食べましょう。

１５２歳の長寿に学ぶ、体の調子は腸次第

長寿のお酒と銘打った「オールド・パー」というお酒があります。15世紀から17世紀にかけて、実に１５２歳まで生きたと言われるイングランド人、トーマス・パーにちなんでその名が付けられています。

パーは菜食主義で、精製されていない黒パン（ライ麦パン）など質素なものを主食にしていました。そんな彼の死後、遺体を解剖してみたら、その年齢にしては驚くほどに腸が若々しかったと言われています。

そう、私たちの体にとって腸の働きはとても大事。**腸次第で体全体の調子が変わると言っても過言ではなく、腸が健康的であることが長寿の秘訣でもあるのでしょう。**

ヒト一人の腸内細菌は約300種類以上あり、数にして1兆個、重さにすればトータル1キロに上ると言われています。私たちが日常的に排出する便の構成比から見ても、全体の80%を占める水分を除いた残り20%の固形物のうち、食べかすが3分の1、古くなって剥がれた腸粘膜が3分の1、そして腸内細菌が3分の1を占めています。つまり便の7%は腸内細菌というわけです。けっして無視できない存在ですよね。

そんな腸内細菌を大別すると「有用菌」「有害菌」「日和見菌」の3つに分けられます。日和見菌とは状態によって有用にも有害にもなり得る、選挙で言えば浮動票のようなもので、腸内では常に日和見菌を巻きこんだ有用菌と有害菌の覇権争いが行われています。これらのバランスが崩れると体調が崩れ、便秘になったり下痢になったりします。

そこで、たとえばヨーグルトを摂取することで乳酸菌のような有用菌を吸収しようという考えにつながるわけですね。腸内環境を整える、つまり有用菌が幅を利かせられる状態にしていくことが体調を維持するひとつの鍵となります。

ただ、乳酸菌はあまり腸まで届かないとも言われています。腸に到達する前に、大半が胃酸で死滅させられてしまうんですね。しかもヨーグルトはもともと海外発祥のものですから、私は**日本人の体には納豆や味噌、醤油、漬物といった日本古来より伝わる食べ物で**

乳酸菌を獲得するのがベターと考えています。

私たちはこれらを食べ続けて生き残ってきた人たちの子孫ですから、これらが体に合わない人たちは長い時間をかけて淘汰されてきたはずです。食べ物は「その土地のもの」を食べた方が体質に合うと考えるのが自然でしょう。

きっと152歳まで生きたパーも、その土地のものを食べ続け、腸の働きに支えられていたのでしょうね。遺体の解剖後に見つかった若々しい腸が何よりの証拠です。

余談ですが、彼はその人並み外れた長寿ぶりを持てはやされ、宮廷に招かれ余生を送ったそうです。しかしそれまでの質素な食生活ではなく、贅沢な宮廷料理を食べる生活が続き亡くなったと伝わっています。美味しいものを食べて亡くなるなんて皮肉な話ですよね。贅沢な食事の方が寿命を縮めてしまったのですから。

栄養分がちょっと足りないくらいの方が「生きよう」とする力が引き出され、長生きするのでしょうか。昔から「腹八分目がいい」と言われますが、パーの生涯を思えばやはり正しい言い伝えなのかもしれません。

寝ている間に若々しい体になる方法

成長ホルモンという言葉を聞かれたことはありますか？　これは別名「若返りホルモン」ともいわれ、主に寝ている間に脳の下垂体から分泌されるものです。このホルモンの働きのおかげで、体は疲労を回復することができます。しかし成長ホルモンは10代をピークに20代後半から急激に分泌量が減るため、加齢に伴い寝ている間の体の回復力が衰えてきます。

30代になると、睡眠を取っても疲れがなかなか取れず、朝から体がだるく、重く感じるのはそのせいなのです。なかなか起きることができないのはツラいですよね。

そこで、成長ホルモンの分泌を促進するのが、アミノ酸。中でも、「グリシン」「オルニチン」「アルギニン」などの種類がおすすめです。私はこれらの**アミノ酸サプリを寝る前に摂取し、成長ホルモンの分泌をうながすことで、疲れも取れやすく翌朝すっきりと目覚められるようになりました。**これらのアミノ酸が大きく明記されたサプリメントは、ドラッグストアでも販売されています。

逆に、成長ホルモンの分泌を抑えてしまうのは炭水化物や糖質の高いものを寝る前の3時間以内に夕食で摂ること。

私も一度実験したことがあるのですが、小腹が空いた深夜12時におにぎりを食べてから床に就いたことがあります。おにぎりは美味しいし、お腹も満たされたのですが、想像していた通り翌朝は体が重く感じました。ただでさえ年齢的に成長ホルモンの分泌が低下しているにも関わらず「いけない食事」のせいでさらに分泌が抑えられてしまっては、疲れが取れないのも納得です。

最近少し疲れ気味で朝がツライ、短時間の睡眠でもスッキリ目覚めたいということであれば、参考にして、寝ている間に若々しい体にリセットしてみてはいかがでしょうか。

太りにくくなるには姿勢をよくして歩く習慣を

食生活を見直すことも大切ですが、姿勢のいい歩き方を意識するのも「太りにくい体」につながります。

姿勢がいいと必然的にエネルギーの消費効率が向上します。裏を返せば、姿勢が悪いと代謝が落ちてよけいな部分に脂肪がつきやすくなります。背骨が歪んでいたりすると、より顕著です。

特に現代人はデスクワークが多いですから、同じ姿勢を長時間取り続けることで、どうしても姿勢が悪くなってしまいます。私もお仕事で、どうしてもパソコンを長時間見なくてはいけないことが多く、意識していないと姿勢が崩れやすくなるので気をつけています。

もちろんストレッチも効果的です。朝に1分、昼に1分、寝る前に1分でもするのがおすすめ。何もしないより断然よいです。それでも、どこか調子が悪いようでしたら、医療機関等で診てもらいましょう。最近の医療機関はとても充実しており、診断結果次第では専門家によるトレーニングも保険適用で実施されます。

健康面でも姿勢は大事ですが、とにかく背筋の伸びている人は美しく、歩く姿も颯爽とした感じがあって、まわりから格好よく見られますね。姿勢がいいと自信があるようにも見えるからではないでしょうか。

笑われるかもしれませんが、私は歩く時に自分のことを「いいオンナ」と意識して歩いています。本当にいいオンナかどうかはみなさんの判断に委ねますが、その心がけが姿勢のよさにつながるのは本当です。

ですからみなさんも同じように、自分のことをぜひ「いいオトコ」と思いこんで歩いてみてください。「人に見られている」という意識が歩き方を如実に変えますから。実際に見られているかどうかは関係ありません、あくまで意識の問題です。

少し照れがあるという人は口から竹の棒を飲みこんで、首からお尻まで一直線になった自分をイメージしながら歩いてみるのはどうでしょう。体の芯が真っすぐ伸びる感じがしませんか。

竹の棒を口から飲みこみつつ、いいオトコを意識できれば最強ですが、何度も言うように頭の中だけのイメージですからぜひ、試してみてくださいね。

注意! スマホの見すぎは顔が老化する

近年、スマホに標準搭載されるようになった機能に「ブルーライトカット」があります。Night Shift と名づけているOSもありますが、夜、暗いところで画面を見る際にブルーライトをカットできるようになりました。そもそも、ブルーライトとは一体何なのでしょうか。その正体は、目に見える光の中でも目の網膜まで届く強いエネルギーを持つ光です。

一度ブルーライトをオフにしてからオンに戻すと、その落差にびっくりしませんか。目にかなりの刺激があって、今までこんなにも強い光を浴びていたのかと驚かされます。目というのは皮膚などに覆われているわけではない、言わばむき出しの器官です。つまりスマホに限らずパソコンでもテレビでも、画面から発せられるブルーライトの影響をダイレクトに受けとめることになります。

ブルーライトを浴び続けると目に負担がかかり、視力が低下しかねないのと同時に、肌にも影響をおよぼします。ブルーライトを浴びると活性酸素のひとつである「一重項酸素」が肌の内部に発生し、顔のシワやたるみの原因になったり、メラニンが増殖してシミを増やすことにもつながります。より強い表現をすれば、肌の細胞に大きなダメージを与えるのですね。

視力の低下のみならず肌の老化も招いてしまうとは、美容の観点からもあまり好ましいものとは言えません。スマホの画面を見ていると顔が老化するなんて、考えただけでもぞっとします。

とはいえこのご時世、スマホをやめろと言うのも無理な話。私だって仕事にプライベートに手放せません。ですからせめて**ブルーライトをカットして、目や肌への負担を軽減してあげましょう。**私は夜に限らず日中でも、ずっとオフに設定しています。他にもブルーライトカットを謳ったメガネや画面の保護シートが市販されていますので、これらを活用するのもおすすめです。自分の身は自分で守りましょうね。

最強の老化アイテム、その名はタバコ

最近は喫煙者が少なくなってきたようですが、ここであえてタバコのお話をしましょう。いきなり脅かすようですが、タバコは百害あって一利なしです。吸っても何もいいことがありません。パッケージにその危険性を警告する文面を載せなければいけないと法律で定められているものが、はたしてタバコ以外に何かあるでしょうか。

タバコに含まれる物質には「ヒ素」があります。ヒ素は紛れもなく毒物。近年のタバコはより依存性を高めようと、さまざまな化学物質を含むようになっていて、タバコを吸うというのは意図的に毒を飲みこんでいるようなものなんですね。

それでもタバコの「一利」を認めたくて、「ストレス解消につながる」などと強弁され

る人がいますが、実はストレスに対しても逆効果。タバコを一本吸うだけで活性酸素が1京個（10の15乗）発生し、毛細血管を収縮させて血のめぐりを悪くすることで、体への負担も増幅し、ストレスに対する耐久性が低下するという、火に油を注ぐ行為なのです。

長期間にわたり連続して吸い続けていると、やがて顔全体にいくつもの細かいシワが刻まれ、たるみ、頬はこけ、肌荒れや吹き出物も目立つようになります。俗に「たばこ顔」と呼ばれ、年齢のわりに確実に老けこんだ印象になっていきます。

しかし、体や肌によくないことはなんとなくわかっているけど、なかなかやめられないのがタバコ。ニコチンには強い依存性がありますから、禁煙を決意しておきながらあっさり挫折した人なんて、めずらしくもありません。簡単には克服できない中毒症状ですから、自分の意志だけで断ち切るのはなかなか難しいものがありますよね。

それならせめて、その害を大幅にカットしてくれるという**ヒートスティック型（加熱型）に切り替えてみてはいかがでしょう。**健康志向が高まっていることと、ニオイや煙など周囲への配慮で愛好者が増えてきていますね。

また、**吸ったことを一瞬でもなかったことに近づけてくれるビタミンCを摂るのもおすすめ。**これまでもお話ししてきましたが、ビタミンCは抗酸化物質ですから、体内の活性酸素に対して有効に働いてくれます。タバコによる酸化＝老化を予防してくれるわけです。

たとえば水なしでも飲める「チュアブル」などの錠剤がありますから、タバコを買う時は一緒に買う、タバコを吸う前に摂取すると決めておくとよいかもしれません。ビタミンCは一度に多量に摂取しても尿で排出されてしまいますが、タバコを吸う場合は、本数に比例してしっかりと摂ってください。とにかく蝕まれる体に対して「せめてもの救い」として、タバコを吸う際はビタミンCをセットにしましょう。

第7章

変化をさらに加速させる！
プラスアルファ改造計画

たるみやむくみを改善し、小顔に近づくマッサージ法

本書の巻頭カラーページの撮影現場で「アフター」写真の撮影前にも、モデル2名に私が自ら小顔・若顔効果を期待できるマッサージをしました。その具体的な方法をご紹介します。後にあるイラストを参考にしながら実践してみてください。

マッサージの手順

各箇所5～6回マッサージしてください。

朝と晩のスキンケアの際などに、このマッサージを取り入れることでリフトアップ効果が期待できます。ただし、強くこする、過度な回数のマッサージなどは、かえって肌を傷めますので注意してください。

1　フェイスラインのリフトアップ

アゴ先を両手中指と薬指の腹ではさみ、アゴ下→耳下→首横→首下を通ってリンパを

それぞれ矢印の方向に力を入れすぎず

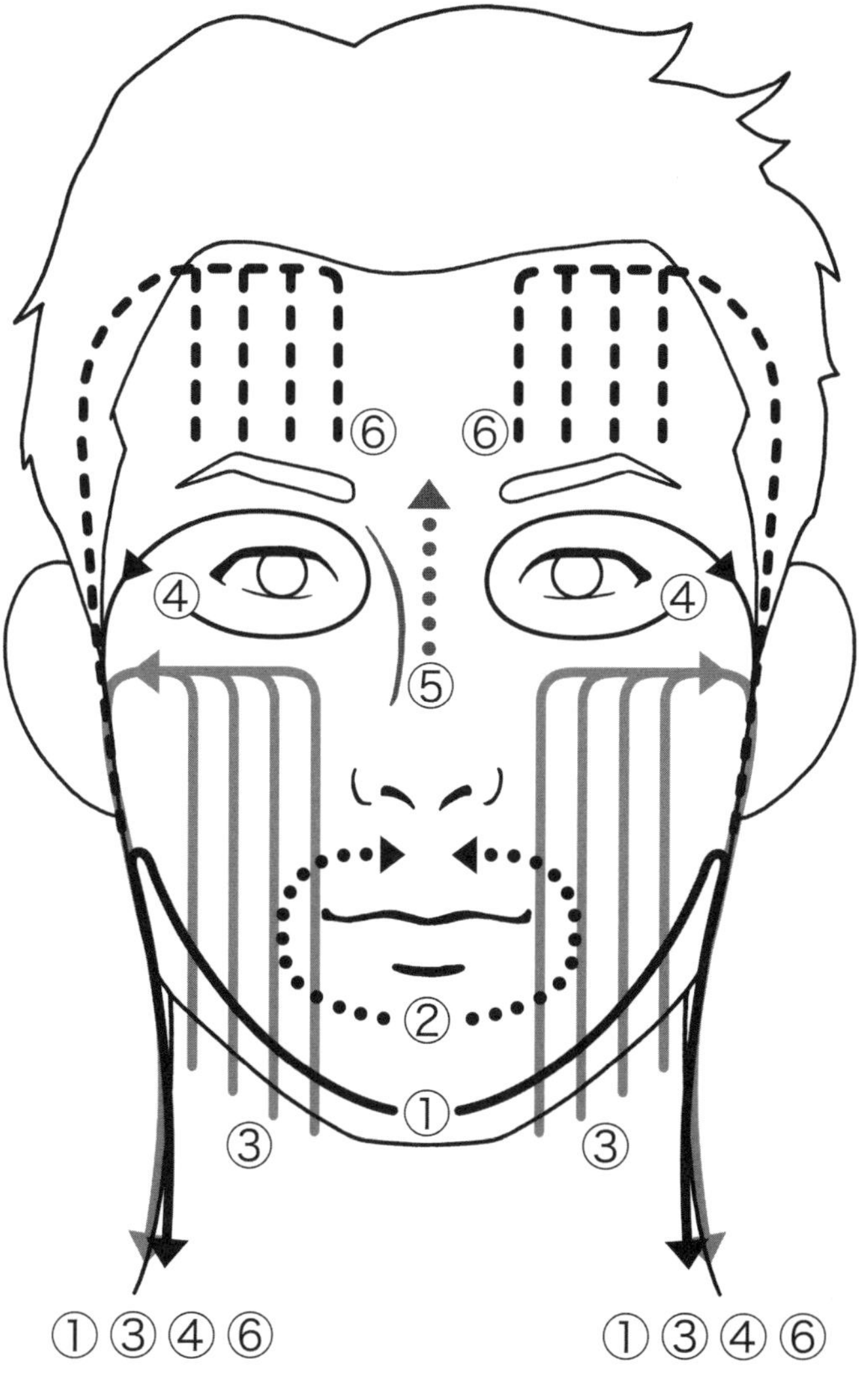

流すイメージで。

2

口角のリフトアップ

アゴから鼻下に向かって口角を引き上げるようにマッサージ。

3

頬のリフトアップ

フェイスラインから手のひらで目下まで軽く引き上げ、指先を目下→顔側面→耳下→首下へと移動させリンパを流す。

4

目尻のリフトアップ

中指と薬指の先で、目尻→目頭→目上→目尻→顔側面→耳下→首下へと移動しリンパを流す。

5

眉間のリフトアップ

交互に両手の中指と薬指の先を使って、鼻骨の上→眉間を引き上げマッサージ。

6　額のリフトアップ

人差し指、中指、薬指、小指の先を眉上に当て、生え際まで額を引き上げ、そのまま顔側面→耳下→首下までリンパを流す。

バージョンアップ度が増す、眉の作り方

絵画は額縁で決まる。とは言いすぎかもしれませんが、額縁が作品にもたらす影響は少なからずあるものです。私たちの眉も「顔の額縁」と言われ、眉を整えると顔の印象が大きく変わります。

あまり整えすぎると作りこんだ感じが強く、悪目立ちしてしまうのですが、次にお伝えするポイントを押さえて、ナチュラルな眉を作りましょう。

ポイントは、慣れるまでは勘ではなくガイドラインを引いて作ること。鏡を見ながら慎重に行いましょう。セルフで整える自信がない場合には、理美容サロンで髪を切るついでに眉カットをお願いするとよいでしょう。プロの手でやりすぎることなく、スッキリと整えてくれます。あとは、整えてもらった眉をキープするよう伸びた部分を剃ったり、カッ

トすればＯＫです。

準備するものは、眉コーム・アイブロウペンシル（眉用ペンシル）・眉カット用ハサミ・毛抜き・カミソリの５つ。

これらは全て１００円ショップでも販売されており、簡単に手に入ります。（ただし女性のメイク用品コーナーにある場合が多いです。ドラッグストアやスーパーマーケットまたはコンビニエンスストアであればメンズ用のセットも置いています）

1 眉毛の流れを整える

・眉コームで眉毛をとかし、毛の流れを整える

眉毛の流れが乱れている場合は、いったんお湯で濡らして乾かすとクセが取れます。

2 アイブロウペンシルで、眉山、眉頭、眉尻の3点に点を描く

・眉山の点は、眉をぐっと上げ一番筋肉が上がる頂点
・眉頭の点は、目頭の真上～内側5ミリまで（目頭真上より外側の場合は、そこに点を描く）

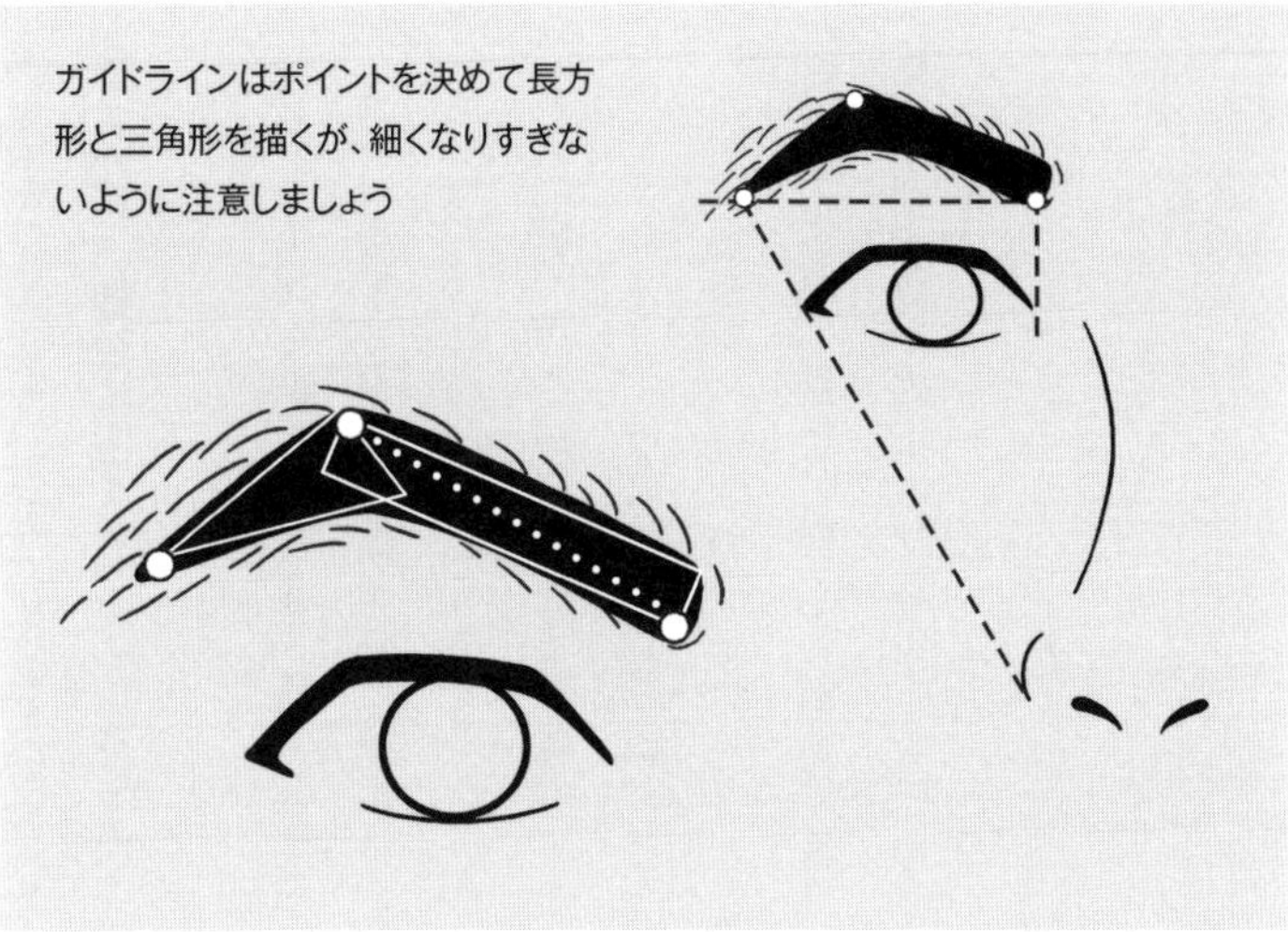

ガイドラインはポイントを決めて長方形と三角形を描くが、細くなりすぎないように注意しましょう

・眉尻の点は、小鼻と目尻の延長線と、眉頭の水平線が交差する点から5ミリまで

3 1センチ幅の図形を意識してガイドラインを描く

・眉頭の点の対角線に眉山の点が来るように長方形の枠を描く
・眉山と眉尻をつなげて二等辺三角形を描く（先に描いた長方形と角度は、より鈍角を意識して。鋭角になると不自然な形になるので注意）
・眉幅は1センチ前後で調整する（整えすぎて細くなると、これも不自然な形になるので注意）

4 ガイドラインの部分からはみ出たところをカットして完成

・図形内の眉で、ガイドラインからはみ出ている眉毛は出ている分だけカット

・ガイドラインより外側から生えている余分な眉毛は、カミソリで剃るか毛抜きで抜いて処理

・整えたら、最後にガイドラインを拭き取って完成

ポイントは、あまり整えようとしすぎないこと。眉を作りこみすぎると不自然に目立ってしまいます。人の視線が眉に注がれすぎない程度に、ナチュラルに仕上げるのがベターですから、ほどほどのところで手を止めておきましょう。

なお、眉の薄さが気になる人は、アイブロウペンシルで眉毛を一本一本足すように描くとよいでしょう。その後、眉の輪郭となるガイドラインは綿棒を使って、ぼかすと自然な感じになります。絵画の世界においても境界線を目立たせなくする技法を「スフマート」と言いますが、目立ちやすい輪郭はスフマート的に緩和することをおすすめします。描いた後は眉毛専用のトップコートを塗ると、皮脂で消えるのを防いでくれます。

一瞬で輝く瞳になる簡単テク

想像してみてください。今、目の前にいる女性（もしくは男性）の瞳がキラキラ輝いていたら、吸いこまれそうになりませんか。瞳がきれいというだけで魅力的に見えることがあります。「目ヂカラ」という言葉があるように、女性たちは瞳を大きく見せるカラーコンタクトレンズ（カラコン）を当たり前のように使っています。

これ、性別を逆転させても同じで、女性から見ても男性の瞳が輝いていると惹かれます。見入ってしまう、という表現が正しいでしょうか。

「目は口ほどにものを言う」という言葉もあるくらい、目ヂカラがあり、目の印象が強いと生命力を感じさせ、相手の心理に入りこみやすい不思議な訴求力が生まれるんですね。物理的に光を乱反射させ、瞳が光っている状態は人の視線を集め心を奪うということが往々にしてあります。カラコンを使わなくても瞳を輝かせるちょっとしたテクニックをご紹介しましょう。

その方法とは拍子抜けするような答えになりますが、**目薬を差すこと。**瞳を水分で満たして、差しこむ光の反射率を高めれば、あっという間に輝く瞳の誕生です。目薬を選ぶ際のポイントは、潤いを目的としたものを選ぶこと。これですと効果は持続しやすくなります。もしも目薬が手元になければ、人目につかないところであくびをしてみるのもいいですね。とにかく眼球を潤わせ、光を反射させれば少しでも瞳がキラキラするでしょう。

もちろん本質的な意味の「目の輝き」は、仕事や夢に向かってまっすぐだったり、やりたいことに夢中で元気いっぱいだったり、自信に満ちあふれていたりして、その人の生き様や言動から来るものです。あなたの一生懸命な姿と思いが少しでも相手に伝わるよう、プレゼンや商談の直前に輝く瞳をこしらえてみる。ちょっとしたテクニックですが、成果は大きく変わるかもしれませんよ。

ハンドケア・ささくれ・爪のお手入れ

手がきれいな男性は女性から見て魅力的に映ります。実際に手フェチの女性は高い確率でおり、きれいな男性の手はかなりウケがいいです。細部にケアが行き届いている証拠ですから、「清潔感のある人」と好意的に受けとめるようですね。

反対にささくれが目立ち指先がガサガサとしている男性には、「不摂生をしていそう」や「不健康そう」そして「触れると痛そう」というイメージを持ちがちです。

男性はあまり手指まで目は行かないとは思いますが、女性は細やかな視点を持っています。プライベートはもちろん、昨今、ビジネスシーンでも女性がキーパーソンであることが増えてきています。至近距離で手を見せ合う名刺交換の際にも、堂々とふるまえるよう、気になる人は少し意識するといいかもしれませんね。

手が荒れがちな人は**ハンドクリームを積極的に使って、手の潤いを絶やさないようにしましょう。**手荒れがひどい場合は、100円ショップなどで販売されている使い捨てのビニール手袋をハンドクリームを塗ったばかりの手にはめて5～10分おくとあっという間に透明感のある潤いに満ちた手になります。（それ以上の時間をおくと、汗をかき痒みが出てくる場合もあるのでご注意を！）手袋を外した後は、手に残ったクリームを全体になじませて終わり。簡単にできる手の変身術です。

手のケアができたら、指のケアもぜひ。もしも、**ささくれやひび割れができてしまったら「液体タイプの絆創膏」を使う**のがおすすめです。絆創膏は「貼るもの」が一般的ですが、実は「塗るもの」もあります。ジェルが固まって傷口やその周辺を保護してくれ、改善が早まります。
さらに、爪まで気を配れれば上級者。爪のケアは行きすぎた男性の美容と感じる人は多いかもしれませんが、そもそも歴史をたどれば、武士のたしなみとして爪ケアは昔から日本に存在していました。その証拠に江戸時代中期に刊行された武士の教訓書である『葉隠』という書物に、「今日討ち死にしてもかまわない覚悟で、普段から手足の爪を切りそろえ、軽石でこすって、こがね草で磨いておく。それが武士のたしなみであり心がまえである」と説かれており、その美学がうかがえますね。

こうして昔から存在していた男性の爪ケアがふたたび見直され、最近メンズのネイルケアサービスが話題となっています。特に経営者層を中心としたビジネスパーソンでネイルサロンに通う男性も増えているそう。専門店に行かずとも**理美容サロンのオプションサービスとしてネイルケアを提供している**お店もあり、男性も気軽に爪のケアサービスを受けられるようになっています。そこで、これから爪ケアをしてみようかと考えている男性に、女性目線で私からアドバイス。爪を磨いた後の仕上げは、マットなタイプのトップコートにしましょう。爪を磨くとは、研磨するということと同義で爪が薄くなりますので、その後に「補強する」「長持ちさせる」目的でコーティングは必須。その際はマットに仕上げて、爪の輝きは抑えた方がよいですね。やりすぎている感じを出さず美しく見えるため、女性からの好印象につながりやすいですよ。

童顔を説得力のある「賢顔《かしこがお》」にする方法

生まれながらの顔つきはそのまま受け入れる他ないですが、実際問題として「幼い顔」は頼りない印象を与えがち。特にビジネスの現場では対等な取引においてでさえ、交渉を有利に進めようと、相手より優位に立とうとするのは当たり前の話です。一流の成果を上げるビジネスパーソンはむしろ相手に可愛がられ、その力を利用して懐に飛びこんでいく「憎めないタイプ」であったりもしますが、もしも、あなたが「幼く見られたくない」「最初からシャープな印象に見せたい」と思っている人でしたら、自分の顔をシャープに見せてこれまでの印象をがらっと変えて「賢顔」になる方法をお伝えしましょう。

方法は簡単、**メタル系フレームの眼鏡をかける**こと。その際、**フレームは曲線ではなく直線だと、なお効果**があります。この**「メタル×直線」の方程式**が、瞬時にシャープな「賢顔」を作り上げます。

メガネで印象を操作するのは卑怯な手段でしょうか？　いえいえ、たとえばプレゼンする時も、何かの資料作りをする時も、自分たちが導きたい主張に向かって演出しますよね。それと同じで、自分のイメージは自分で演出することが大事です。もしも見た目で不利益を被ることがあるのなら、それをどうカバーするのかもビジネスにおいては腕の見せどころ。シャープな雰囲気の人に対しては相手もいくぶんか身がまえるものですから。「どう見られたいか」を作るのは他でもない、自分だけができる仕事と心得ましょう。

営業前に立ち寄れるフォース・プレイスを作ろう

女性たちは街中に綺麗なトイレがどこにあるのか、よく知っています。なぜならお化粧直しは気分よくしたいから。「○○駅でお化粧直しするなら、あそこ」と決めている人も意外と多いのです。自宅（ファースト）でも職場（セカンド）でもない、自分らしく自由に使う第三の場所のことを「サードプレイス」と呼ぶ概念がありますが、もしかすると女性にとってのお気に入りのトイレは、自分がリセットされる第四の場所「フォース・プレイス」なのかもしれません。

私は男性にも、そういった場所を確保することをおすすめします。自分にとっての「お気に入りトイレ」を決めておくと本当に便利。たとえば定期的に訪問する客先近くにある商業施設や、デパートにある清潔なトイレ。「ここ」と決めた場所があると、急いでトイレを探す時間のロスもなく、気持ちよく身だしなみのチェックができます。また商談前の緊張を和らげたり、不測の事態が起きた時に気持ちを落ち着かせることができます。実際、私自身がそうしています。

ひとつでも自分好みの「フォース・プレイス」トイレを見つけておくとよいですね。

ちなみに知り合いのビジネスパーソンは、高層階のビジネスタワーで「オーシャンビュー」のトイレがお気に入りだそうです。個室を利用する女性と違って男性は、ガラスの向こうを見渡しながら用を足すことができ、たいへん贅沢な気分に浸れるそうです。ちょっとうらやましい、男性ならではの特権ですね。

さらなるステップアップのために…

Final Chapte

目標とする人になりきり、自分のものにする

ここからは、さらにプラスアルファの「自分の印象のつくり方」です。「学ぶ」の語源は「真似ぶ」であると言われますが、何事もお手本を真似することが上達の近道。勉強もスポーツも、ビジネスにおいてもそうです。身だしなみ、ふるまいなどについても同じことが言える普遍的なテクニックです。

何をどうしてよいかわからない時に、まず形から入ることも「真似ぶ」のひとつ。形や型をいったん自分に当てはめてみるプロセスに意義があり、私たちが「らしさ」を出せるようになるのはきっとその先の話です。

立ち居ふるまいを会得するのに私がおすすめしたいのは、**まずは目標とする人になりきること**。何も著名人やドラマの主人公でなくともよいのです。尊敬に値する上司や取引先の社長さんなど、身近な人の方がむしろイメージしやすいかもしれません。抽象的な「いいオトコ」ではなく、具体的な人を思い描けるといいですね。

そうした人をひとり設定し、あたかも自分がその人になったかのように日々演じている

と、やがて「自分はどう見られたいか」をコントロールできるようになります。なかなか自分のことを客観視して行動様式を補正していくのは難しいですからね。しかし「なりたい人」を真似しておけば、やがては自分が描く理想像に近づくことができるはず。

この「なりきり効果」は面白いもので、なりきっているうちに体に染みこんでいきます。そして「あの人だったらこの時どうするかな」と、ひと呼吸置いて考えたい場面でも、いずれ「あの人」をそのつど意識せずとも、**そのふるまいが「自分のものとして出てくる」ようになります。**ちょっとした言葉のチョイス、伝え方のニュアンス、人と接する時の立ち居ふるまい。一度染みこんだものが湧き出たのなら、それはもうあなた自身のものではないでしょうか。

初対面では相手より高級なものを持たない配慮を

あらゆるビジネスは相手ありきです。取引をする相手がいて初めて成立し、実際に対面する場面も少なくないはずです。

ところがプライベートでも親交のある人ならともかく、取引相手はビジネスのみのお付き合いがほとんど。こちらも相手もどういった人となりであるのか、おたがいじっくり話してみないとわからないものです。だから見た目の印象から入らざるを得ないのが現実。初対面なら、なおさらでしょう。そこで一つ、初対面時のアドバイス。**営業をかける相手より高級なものを使用しないこと**です。

相手の持ち物とビジネスの話で、私の知り合いの経営者が「わかりやすいブランド物を身につけている営業担当者が売りこみに来たら、まずは警戒するね」と言ったのをきっかけに、さまざまな人に聞いてみました。

するとビジネスシーンにおける初対面時は、相手のことを観察するために、持ち物まで目が行くようです。特に目立つブランド物に関しては、敬遠される傾向にあるようです。

一番印象的だったのは、私の知り合いで大学生の頃に就職活動でことごとく失敗し、なぜか一度も内定を得られなかったと首を傾げていた男性の話。単純に会社との相性もあったのでしょう。ただ、よくよく話を聞いてみたら、就活スーツに身を包み、持参していたバッグは誰もが知る超高級ブランドのものでした。

そのバッグを就活で持ち歩くことに強いこだわりがあったわけではなく、恋人にプレゼントされたという理由だけで面接会場に持参していました。思い返せば面接官に「最近の学生はそんなバッグを持っているのね」と皮肉を言われたこともあったそうです。その時点で気づけばよかったのですが、彼は褒め言葉と信じそのバッグを使い続けた結果、内定が一つも取れなかったそうです。

今ではリッパに会社を経営している彼が、笑い話として話してくれたのですが、その時はたいへんおツラい状況だったと思います。このアドバイスを聞いて、長年疑問に感じていた就活の苦労を思い出し「まだ社会にも出ていない学生が、面接官にどう映るかを自己分析できていなかった。わきまえていなかった」と、納得していました。就活は自分の人生における最初のビジネスですから、わかりやすい例かもしれません。

また、このアドバイスは私が化粧品メーカー勤務時代に聞いた話からも確信が持てます。それは、化粧品販売員の制服のこと。外資系メーカーの場合はスタイリッシュなイメージで、「お客様の憧れ」となるよう流行の最先端と夢の世界を演出しようとしています。それに対して国産化粧品メーカーの制服は、控えめな色や配色のものが多いのです。これは、清潔感はもとより、お客様よりも華美にならずに本質を売るという姿勢からというもの。

ブランド物がよくないと言っているわけではありません。（すばらしい歴史と技術に富んだブランドは、私も憧れており尊敬しております）ここでは何を伝えたいかというと、**持ち物や身につける物にもTPO（時、場所、場合）がある**ということ。誰も指摘しない小さなことだけど、実はビジネスの成功の分かれ道になっていることが往々にしてあります。やはりTPOを意識のどこかに置いておいても損はないのではないでしょうか。

あなたのイメージアップが会社のイメージアップにつながる

会社には対外的なイメージがあります。たとえば「クリエイティブ」「最先端」「質実剛健」など、あたかも人について語るように、イメージを表現することができます。ビジネスパーソンのあなたは、普段からそうした会社の看板を背負っています。いわば「会社を代表している存在」です。

あなた自身が高く評価されれば、あなたの会社や商品もさらに好意的に見てもらえるでしょう。日々いち消費者として買い物をする際、担当者の印象がよいことで、企業イメージがよくなったという経験は一度や二度ではないはずです。

これを機に「自分の会社はどう見られるか」を自分ごととして今一度考えてみましょう。

実際にまわりに尋ねてみるのもいいですね。そして、会社の一員であり社を代表している立場であることを、再確認してみてください。その意識の違いが今後、あなたのビジネススタイルを変えるきっかけになるかもしれませんよ。

「見た目改造計画」を成功させる最大のコツ

いよいよ最後の項目となりました。

ここまで来ると、見た目だけでなく自分の気持ちにも変化が生じているのではないでしょうか。もしかすると周囲の人の反応も変わっているかもしれません。小さなことでも何かしらの変化があれば、それは成功の兆し。この本を読む以前とは違う、あなたの未来の幕開けなのです。

ここまで読んでくださったあなたに、最後にお伝えしたいのは「見た目改造計画を楽しむ」ということ。たくさんの方法をお伝えしてきましたが、これらを「やらなくてはいけない」という義務感でやっても楽しくはありません。楽しくないことは、やがて面倒になり自分のものにならず続きません。そうなると結果を得られず、元の木阿弥となります。

またビジネスには、「人間力」をはじめ様々なスキルが大切なのは言わずもがな。今さら伝えなくても、あなたも十分に理解されていると思います。ただ、その多くは漠然としていて、自分のものにするまでに時間がかかり根気もいります。思った通りに実行できているのか、わからないこともあるでしょう。しかし、スーツや髪型などは一瞬であなたの姿を変え、頭皮や肌やニオイのケアは、やればその分だけきちんと結果が出ます。

想像してみてください、あなたの姿がどんどん変わっていくのを。そんな自分を見るのは、とてもワクワクするものです。そして、その気持ちが行動や言動に現われ自信へとつながり、やがて人生が変化していくのです。

改造計画は楽しみながらチャレンジしましょう。これがこの本に書かれていることを、うまく実践する最大のコツと言えるでしょう。

あとがき　――私がメンズ美容家になったワケ

最後までお読みくださり、ありがとうございました。

私はこの本を出版するにあたり、小手先のテクニックを指南するだけの安易なビジネス本にはしたくないと思っていました。読んでくださったみなさんが自分自身の人生を切り開く「開運の一歩」になればと願い、これまで私が獲得してきた知見を惜しみなく注ぎこんだつもりです。

あまり聞きなれない「メンズ美容」という言葉には、どこか軽薄なイメージがともなうかもしれません。しかし、男性が自分自身の体をケアするということは、ある意味で「みそぎ」だと私は思っています。毎日のけがれを落とし、その日あった嫌なこともお風呂できれいさっぱり洗い流す。新しい自分に生まれ変わらんとする「切り替えの美意識」が、ひいてはビジネスの成功に近づいていくのだと信じています。

ところで私、山川アンクはなぜ「メンズ美容家」と称して、「メンズ美容」の普及活動を始めたのでしょうか。そもそもの経緯を、個人的な生い立ちからお話しさせてください。

生まれは大阪。私は両親の離婚をきっかけに5歳まで暮らしたその地を離れ、母と3歳の妹と共に、祖父母が住職をしていた種子島の山寺へと身を寄せました。あたりは一面、山とさとうきび畑。高床で土間のあるとても古い木造の寺での暮らし。当時、私たちの部屋にはエアコンなんてものはなく、夏は扇風機と蚊帳で寝て、冬はやわらかい布団などはなく、薄くペラペラの布団で寒さに耐えていました。お風呂は当時でもめずらしかった五右衛門風呂。薪で湯を沸かし、シャワーなんてものはなく、ホースの水で頭を洗った記憶があります。

一番の問題はトイレがないことで、わざわざ近くの公民館まで行かなくてはなりませんでした。夜に行きたくなってしまったら困ったもので、街灯なんて気の利いたものはありませんから、暗闇の中を懐中電灯を片手に進む他ありません。どれほど暗いかというと、月明かりがなければ自分の手足も見えないほど。目を開けていても何も見えない、真の暗闇です。

とにかく人里離れたところでしたから、お買い物をするにもクルマで30分かけて山を下りる必要があり、お店も個人商店がぽつんと一軒あるだけ。映画『となりのトトロ』に出てくる田園風景をさらに寂しくしたような環境でした。

そんな暮らしの中で印象的だったのは、大正生まれの祖父の姿でした。お寺の住職ということもあり、毎日体をしゃんと洗い、白いふんどしをピシッと履いて、佇まいがとにかく格好よかったんですね。私の口から「みそぎ」という言葉が出るのは、祖父の凛々しい姿が脳裏に焼きついているからだと思います。

ほどなくして山寺を離れた私たち親子3人は、同じ種子島の町営住宅で暮らし始めました。今にして思えば母も女手ひとつで子供2人を養うために相当な苦労をしたと思います。子供を置いて夜に働きに出るようになり、幼い私と妹は「危ないから」と雨戸を閉めた部屋でいつもふたりきり。父はいない、夜になったら母もいない。わが家には一家団欒というものがありませんでした。

幼い子供が夜に外出するわけにもいきませんから、娯楽といえばテレビが中心。特にホームドラマをよく観ていました。いろんなドラマを観ましたが、やはり「お父さんがいる家庭」に憧れましたね。何を聞いても答えてくれる、勉強だって教えてくれる、時にはきつく叱ってくれるお父さん。私は凛々しい祖父や頼もしい（ドラマの中の）父といった、格好いい男性に強い憧れを抱いて育ちました。

そんな思いを胸に大きくなった私は大阪の女子大に通い始め、就職活動では外資系の有名化粧品ブランドに内定をもらいます。何千人という応募の中から選ばれた、自分でも驚く奇跡の採用。私の美容人生はここから始まりました。

ところが2年ほど勤務して、仕事のプレッシャーに耐えられずうつ病になってしまいました。たとえば数字を1から、17までは数えられるのですが、自分を信じられずにまた1から数え直す。それをくり返してしまうほどの重症でした。18を数えることができないくらいの重症。せっかく手に入れた仕事も辞めてしまい、独り暮らしの部屋に引きこもるようになりました。

やがて理美容サロン専売の化粧品メーカーに転職し、社会復帰した私は徐々に自信を取り戻し始めました。しかし今度は、突然にして滴状類乾癬（てきじょうるいかんせん）という病気に悩まされます。どんな症状かというと、全身にびっしりと赤い斑点が出て、肌が生まれ変わる2週間ごとに魚のうろこみたいに皮膚がボロボロと剥がれ落ちるんですね。大学病院の先生にも「これは治らない」と匙を投げられ、電車の席に座っていると見た目で気味悪がられて、誰も隣に座ろうとしませんでした。あれは本当にツラかった。

そんなある日、勤務していた会社が新しいサプリメントを企画・販売するにあたり、ビタミンB7（ビオチン）で治療を行う病院に行くことになりました。会社の企画とはいえ、もしかしたら私の病気に効果があるかもと藁にもすがる思いでした。そうしたら、なんと奇跡が起こりました。人に気味悪がられていたあの赤い斑点の数々がわずか半年で完全に消滅したんですね。毎日泣きながら全身に薬を塗っていたのが、嘘のようでまわりの人も驚くような出来事でした。

あの時のツラい思いが「人の見た目」はどれだけ人生を左右するのかを痛感させてくれました。健康でいること、そしてきれいになるということがいかにモチベーションを上げるのかを、身をもって知ることができました。この「心も体もボロボロで自信がなかった自分」を過ごした経験が、今の私の活動につながっています。

さて、この経験を機に、きれいになることの悦びを世に伝えていきたいと強く願った私は会社を自主退職し、女性向けサプリメントの企画会社を興し美容講座を開いていました。そう、当初は女性を対象として活動する美容家だったんですね。

ところがある時、「男性も美容に関心がある」「男性向けに講座を開いてみては？」と進言されたことがありました。私としては女性をきれいにしたい思いでいっぱいでしたから、すんなり受け入れることができなかったのですが、しかし好奇心もあり、試しに男性向けの講座を開いてみることにしました。

初回に集まってくださったのは10名の男性。自ら講座を開いておきながら、まだ男性に美容の需要があるのかどうか半信半疑だった私は「なぜ参加することにしたのか」「なぜ美容に興味があるのか」を参加者のみなさんに聞いてみました。その中のひとりが、こんなことをおっしゃったのです。

「娘に格好いいと言われたい」

その瞬間、私はカミナリに打たれた思いでした。

娘の前で格好いい父でありたいと願う男性がいる家庭って、とても幸せだろうな。私がかつて憧れたあの「ホームドラマの中のお父さん」がいる温かい家庭が、この方の向こう側にあるんだろうな。そうか、「メンズ美容」は「人を幸せにするツール」なのか。娘を愛する父だけでなく、父を愛する娘を幸せに導くのか。本人のみならず、まわりも幸せにするものなのか。浅はかだった私はようやく気づかされたんですね。
私はそんな男性たちのお手伝いがしたい。ささやかな幸せかもしれないけれど、ちょっとしたことかもしれないけれど、幼い私がほしくても手に入らなかった一家団欒を育む手助けがしたい。私が歩むべき道は、この時、決まりました。

この本を通じて、少しでもみなさんの幸せに貢献できれば幸いです。また、これからもさまざまな情報発信を通じて、ひとりでも多くの男性に格好よく、そして頼もしくなっていただきたいと思っています。そのお手伝いをすることが、私の使命です。

最後に、この本を制作するにあたり多大なご尽力をくださいました辰巳出版株式会社の代表取締役　廣瀬さん、編集部　高橋さん、説田さん、永沢さん、モデル杉野さんと木村さん、機会とご協力をくださいました麻布十番「サルトリオ」緑川佳宏さん、心を尽くして文章をまとめてくださった株式会社ハイモジモジ　松岡厚志さん、わかりやすい絵を描いてくださったイラストレーター瀬川尚志さん、その他、多数の皆さん。出版というすばらしい経験をさせていただき、本当にありがとうございました。

また、いつも応援してくれる日本メンズ美容協会統括　林理恵さん、株式会社DREAM CROSS東浦幸司さん、理容京阪　芳崎泰生さん、株式会社　LA'Pish藤岡守さん、日本メンズ美容協会の仲間たち、リングリング林修二さん、最先端星人さん、いつも貴重なご意見をくださるエスアイ精工株式会社　指尾成俊さん、Hiraku前田拓也さん、そして私を温かく見守ってくれる家族、私は本当にたくさんの人に支えられており、この本を出版するにあたり改めてそのありがたさを感じております。

ここに至るまでお世話になったこれらすべての人に、心から感謝を申し上げます。本当にありがとうございました！

一般社団法人
「日本メンズ美容協会」とは

古来より日本の男性には、身だしなみとおしゃれを楽しむという「美の文化」が存在していました。男性が素敵になることを楽しめば、本人はもちろん、その人の大切な人や周囲の人もしあわせになる。私はこのすばらしい日本の精神と文化をより多くの人に伝え、メンズ美容の社会的理解が深まることを願い、普及させたいと考えています。

このことから、2013年10月一般社団法人日本メンズ美容協会を設立しました。この団体は認定職業訓練施設「日本メンズ美容専門校」とメンズ美容ビジネス研究会「MBB Lab.」という２つの事業活動を行っています。学びと研究を通して男性をカッコよくしたい、そしてこの産業で日本を盛り上げたいという、熱い思いを持ち私の思いに賛同する仲間（理美容、化粧品、エステ、ヘルスケア、フィットネス、アパレルなど）が集まっています。この本を読んでいるあなたの近くにも、彼らがいるかもしれません。

2017年春には「第２回メンズシンポジウム」も開催し、私たちはメンズ美容を通して心豊かな社会とこの産業振興の実現を目指し、これらの活動を活発に行っています。

参考文献・アンケート

ダニエル・S・ハマーメッシュ『美貌格差：生まれつき不平等の経済学』
東洋経済新報社，2015
http://www.pressnet.co.jp/osaka/kiji/140823_02.shtml
https://gakumado.mynavi.jp/gmd/articles/32023
https://prtimes.jp/main/html/rd/p/000000005.000008708.html
https://prtimes.jp/main/html/rd/p/000000235.000001256.html
http://www.happymk.net/entry/2016/09/01/173932
THE NEW ENGLAND JOURNAL of MEDICINE
http://www.nejm.org/doi/full/10.1056/NEJMicm1104059

企画・進行 ——— 廣瀬和二　永沢真琴　高橋栄造　説田綾乃　湯浅勝也
中嶋仁美
販売部担当 ——— 杉野友昭　西牧孝　木村俊介
販売部 ——— 辻野純一　薗田幸浩　草薙日出生　冨永啓仁　高橋花絵
亀井紀久正　平田俊也　鈴木将仁
営業部 ——— 平島実　荒牧義人
広報宣伝室 ——— 遠藤あけ美　高野実加
メディア・プロモーション — 保坂陽介
FAX:03-5360-8052　Mail:info@TG-NET.co.jp
ライティング ——— 松岡厚志(ハイモジモジ)
カバーデザイン ——— 渡邊民人(TYPE FACE)
口絵・本文デザン ——— 谷関笑子(TYPE FACE)
撮影 ——— 勅使河原真
ヘア ——— 緑川佳宏(サルトリオ／麻布十番)
帯写真提供 ——— msv／PIXTA(ピクスタ)

収入2700万円の差がつく身だしなみ

初期投資３万円で誰でも変われる
「見た目」改造計画

平成29年４月10日　初版第１刷発行

著　者　山川アンク
発行者　廣瀬和二
発行所　辰巳出版株式会社
〒160-0022
東京都新宿区新宿2丁目15番14号　辰巳ビル
TEL　03-5360-8960(編集部)
TEL　03-5360-8064(販売部)
FAX　03-5360-8951(販売部)
URL　http://www.TG-NET.co.jp

印刷所・製本所　大日本印刷株式会社

本書の無断複写複製(コピー)は、著作権法上での例外を除き、
著作者、出版社の権利侵害となります。
乱丁・落丁はお取り替えいたします。小社販売部までご連絡ください。

©TATSUMI　PUBLISHING CO.,LTD.2017
Printed in Japan
ISBN　978-4-7778-1851-8　C0077